DISCIPLINA RESTAURATIVA PARA ESCOLAS

Série Da Reflexão à Ação

Lorraine Stutzman Amstutz
e Judy H. Mullet

Disciplina Restaurativa para Escolas

Responsabilidade e ambientes
de cuidado mútuo

Tradução de
Tônia Van Acker

 Palas Athena

Título original: The Little Book of Restorative Discipline for Schools
Copyright © 2005

Grafia segundo o Acordo Ortográfico da Língua Portuguesa de 1990
que entrou em vigor no Brasil em 2009

Coordenação editorial: Lia Diskin
Capa e projeto gráfico: Vera Rosenthal
Produção e Diagramação: Tony Rodrigues
Preparação de originais: Lidia Angela La Marck
Revisão ortográfica: Rejane Moura
Revisão: Lia Diskin

Dados Internacionais de Catalogação na Publicação (CIP)
(Câmara Brasileira do Livro, SP, Brasil)

Amstutz, Lorraine Stutzman e Mullet, Judy H.
Disciplina restaurativa para escolas : responsabilidade e ambientes de cuidado mútuo / Lorraine Stutzman Amstutz e Judy H. Mullet ; tradução de Tônia Van Acker. – São Paulo : Palas Athena, 2012.

Título original: The Little Book of Resorative Discipline for Schools

1. Administração de conflitos 2. Disciplina escolar 3. Disciplina restaurativa 4. Educação – Finalidades e objetivos 5. Interação professor-alunos 6. Pedagogia I. Mullet, Judy H. II. Título.10-10308

12-05540 CDD-371.5

Índices para catálogo sistemático:
1. Disciplina escolar : Educação 371.5

3ª edição, março de 2020
Todos os direitos reservados e protegidos
pela Lei 9.610 de 19 de fevereiro de 1998.
É proibida a reprodução total ou parcial, por quaisquer meios,
sem a autorização prévia, por escrito, da Editora.

Direitos adquiridos para a língua portuguesa por Palas Athena Editora
Alameda Lorena, 355 – Jardim Paulista
01424-001 – São Paulo, SP – Brasil
Fone (11) 3050-6188
www.palasathena.org.br
editora@palasathena.org.br

Conteúdo

Prefácio de Vivi Tuppy 9

1. INTRODUÇÃO 19
   A brincadeira do peru 21
   Um ambiente de cuidado mútuo 23

2. POR QUE DISCIPLINA RESTAURATIVA? 27
   O papel da disciplina 27
   Objetivos-chave da disciplina restaurativa 28
   O papel da punição 30
   O papel da Justiça Restaurativa 32
   Outras raízes da disciplina restaurativa 37
   O *continuum* que vai da punição à restauração 40

3. VALORES E PRINCÍPIOS DA DISCIPLINA RESTAURATIVA .. 45
   A Justiça Restaurativa... 45
   A disciplina restaurativa... 46
   Indicadores de disciplina restaurativa 49

4. CAMINHANDO EM DIREÇÃO A
   UM AMBIENTE RESTAURATIVO 53
   Características das escolas pacificadoras 56
   Regras e normas flexíveis 65

5. **DISCIPLINA RESTAURATIVA: MODELOS E APLICAÇÕES** 69
   Abordagens de treinamento da escola inteira 69
   Reintegração depois de uma suspensão 70
   Reuniões de classe 74
   Círculos 76
   Elementos-chave dos processos circulares 77
   Conferências 84
   Mediação para cabuladores 87
   Bullying – assédio moral escolar 91

6. **IDEIAS PARA OS PRÓXIMOS PASSOS** 99
   Abordagens para a escola inteira 99
   A disciplina que restaura 101
   Medidas restaurativas 103
   Cidadania em ação 104
   Um desafio 105

   Notas 107
   Referências bibliográficas 113

PREFÁCIO

O momento histórico tem nos apresentado o grande desafio de encontrarmos juntos soluções viáveis, possíveis e exequíveis perante a insustentável onda de violência que a comunidade humana vem assistindo. Nesse sentido, acredito que a Educação, como instituição e processo, junto a toda a rede escolar, pode ser um dos territórios promotores da restauração das relações humanas para a construção de uma cultura que verdadeiramente possa ter como valor central a responsabilidade e o respeito mútuo.

Este cenário exige a compreensão de que todos nós, cidadãos, somos educadores e, portanto, temos o dever e o compromisso de encontrar respostas mediante ações conjuntas, somando nosso potencial, conhecimento e experiências a fim de transformar ideias equivocadas de exclusão em programas educativos inclusivos e regeneradores.

O Programa Educadores da Paz nasceu com o lançamento do Manifesto 2000 pela UNESCO, e os seis princípios por ele contemplados são: respeitar a vida, rejeitar a violência, ser generoso, ouvir para compreender, preservar o planeta e redescobrir a solidariedade. Este programa da UNESCO é inspirador de ações edificantes no campo das relações de convivência, da promoção da sustentabilidade ambiental e da justiça social. Tem como alicerce estrutural o Relatório da Comissão

Internacional para o Século XXI, que Jacques Dellors apresentou para a UNESCO, com seus quatro pilares da educação: aprender a viver juntos, aprender a conhecer, aprender a fazer e aprender a ser. O Programa Educadores da Paz foi implantado na rede escolar pública da região de Araçatuba/SP e faz parte dos Programas de Formação de Educadores em Cidadania, Ética e Valores Universais da Associação Palas Athena.

Sob a égide dos princípios norteadores de Construção de Cultura de Paz, o Programa Educadores da Paz encontrou na Justiça Restaurativa um espaço de conhecimento e práticas que, associado aos recentes avanços da neurociência, oferece metodologia e dispositivos para atender às urgentes demandas sociais, relacionais e ambientais, sobretudo das nossas crianças e das futuras gerações.

Mas, para tanto, é preciso um olhar amplo e contextualizado, que demanda ações sistêmicas, em redes sociais parceiras e promotoras de mudanças efetivas e transformadoras que reconheçam as especificidades culturais de cada realidade para a sua eficaz atuação.

Considerando os âmbitos micro e macro, individual e coletivo, público e privado, a profundidade e a superfície da diversidade dos ambientes sociais e comunitários, foi necessário encontrar uma linguagem comum e meios operacionais que se adequassem e promovessem mudanças de comportamento. Portanto, a Educação e a escola constituem espaços promissores pelo potencial de aprendizagem que todo processo educativo oferece, e pelo fato de podermos, através do processo pedagógico, cuidar das nossas crianças e acolher seu porvir.

Para a sustentabilidade da democracia, é necessário criar condições para o surgimento do livre pensar entre nossos cidadãos e, para tanto, é importante promover políticas públicas que efetivamente considerem e invistam no "capital humano".

Prefácio

O Programa Educadores da Paz objetiva amparar e fortalecer os educadores nas tarefas restaurativas de acolhimento e orientação da infância e juventude vitimadas pela desagregação familiar, pela ausência de perspectivas e reiterada exposição à violência. Do ponto de vista metodológico, o programa se propõe a construir ambientes geradores de processos educativos e de aprendizagem permanentes, que estimulem a autonomia e as potencialidades de todos os participantes, com segurança, confiança, inclusão e vínculo. Através das técnicas do diálogo e da comunicação não violenta, dos mecanismos de mediação e resolução pacífica dos conflitos, tanto no espaço escolar como na comunidade, e das práticas atencionais do centramento (que permitem aos participantes conectar-se consigo mesmos), os futuros "educadores da paz" vão aprendendo, vivenciando e se autorreconhecendo, gerando ambientes confiáveis e respeitando o tempo formativo de todos e de cada um na direção de relações comprometidas com a cooperação e a criatividade.

Sem dúvida, responsabilidade e cooperação dependem de maturidade. Como mudar um padrão relacional de dominação, punição e culpabilização, intimidação e desqualificação para um de relacionamentos parceiros, potencializadores, colaborativos e confiáveis? Talvez seja este o grande desafio que enfrentamos. Estamos diante de um cenário de alta complexidade característico da pós-modernidade, onde o poder hipnótico da mídia, a intensa velocidade das inovações tecnológicas e a violência operacional, estrutural e institucional intoxicam e desagregam as relações familiares. Portanto, precisamos de dispositivos metodológicos transformadores e reconstrutores, comprometidos com a preservação da vida, alavancados pelo poder da força amorosa e viva que todo ser humano possui.

"A transformação da sociedade de uma cultura de guerra em uma cultura de paz é talvez a mais radical e abrangente que qualquer mudança anterior da história humana", afirma David Adams, sistematizador do Programa de Cultura de Paz da UNESCO. Mas para chegarmos até a criança, seus pais e a comunidade, precisamos inicialmente capacitar os líderes educacionais, a começar pelos diretores e coordenadores das escolas, avançando até os professores e funcionários, que por sua vez capacitarão os alunos, permeando a sala de aula e os espaços escolares para atingir a família e o entorno comunitário da escola.

Se o foco está na mudança de comportamento, é necessário focalizar a pessoa do líder e não apenas o cargo ou função que ele ocupa. Portanto, ao longo de toda a capacitação, objetiva-se oferecer as técnicas, a base conceitual e reflexiva, mas o maior cuidado recai sobre o "como" construir espaços, articular ambientes relacionais que exalem pela experiência os valores de gentileza, cuidado, amorosidade, generosidade, responsabilidade, confiança, honestidade, amizade, vínculo, respeito e ética. O "como" fazer com que os profissionais vivenciem, encarnem, incorporem esses valores, que são o fundamento de todo o programa, será o maior desafio e o maior cuidado, pois estaremos sempre a serviço da vida.

A prática permanente do centramento visa chegar a uma mente alerta, desenvolver e sustentar a capacidade atencional, capacidade esta que favorece todo o sistema educacional. Do ponto de vista das ciências da cognição, a prática do centramento é um esforço sistemático para reeducar a atenção e as habilidades mentais e emocionais com a possibilidade de amenizar as emoções destrutivas, como a raiva, e incentivar as emoções construtivas e afetuosas, como a amorosidade e a disponibilidade para a compreensão, obtendo calma interior e estabilidade mental. Para reduzir os fatores de risco que advêm da impulsividade desmedida e dos automatismos que comprometem a convivência, é necessário que a pessoa – criança, adolescente ou adulto – seja capaz de se acalmar, reconhecer a opinião de outrem e tenha tempo interno para pensar, avaliar e escolher, pois a habilidade de autocontrole é um pré-requisito para agir com responsabilidade. A neuroplasticidade do cérebro, permite que ele seja alterado intencionalmente, possibilitando a educação emocional construtora de novas estradas neurais.

Portanto, é apenas uma questão educativa que requer determinação, boa vontade e paciência. Pessoas com autopercepção tem um melhor desempenho. A experiência repetida pode mudar a forma como o cérebro trabalha. O cérebro absorve determinada configuração de dados sensoriais vindos do mundo externo, ou da imaginação, ou do banco de memórias, e desencadeia reações neuroquímicas. Ao mudar o significado do que percebemos, alteramos também o seu impacto emocional.

A prática regular do centramento é de fundamental relevância dentro do Programa Educadores da Paz pela sua função de fortalecimento da resiliência. Igualmente relevante é a técnica do diálogo, utilizada com frequência associada à comunicação não violenta, num exercício permanente de cuidado com a linguagem para evitar termos ofensivos que muitas vezes estão inseridos nas conversas cotidianas e que intoxicam a convivência, reforçando imperceptivelmente a violência estrutural. Saber ouvir para compreender, respeitar e incluir as diferenças e a diversidade é um exercício. Falar na primeira pessoa, viabiliza a autocompreensão e a autoconexão, o contato e o reconhecimento de si, a autonomia e a responsabilização com a palavra dita, com as ideias emitidas e suas consequências.

A prática do diálogo permite compartilhar ideias e significados, sempre na disposição de querer aprender com o outro, e não de convencer ou seduzir, gerando espaços de acolhimento e escuta ativa. É uma forma de conversação que favorece a criatividade e a possibilidade de emergirem novas ideias que isoladamente não teriam a chance de serem pensadas. A disposição das pessoas sempre em círculo abre espaços para ver e reconhecer a humanidade do outro; no círculo todos os integrantes participam igualitariamente, podendo a palavra assumir a sua função integradora.

O centramento e o diálogo são ferramentas fundamentais para a resolução pacífica dos conflitos com base nos princípios da Justiça Restaurativa. As práticas restaurativas apresentadas como círculos de paz ou círculos restaurativos são práticas cujo objetivo primordial é a resolução do conflito subjacente e não apenas do incidente isolado. Todo o interesse está voltado ao atendimento das necessidades físicas e afetivas das pessoas comprometidas, tanto vítima(s) como ofensor(es) e os demais envolvidos direta ou indiretamente. Por meio de um ambiente confiável, seguro, honesto, ético e transparente, consegue-se reconhecer o que está subjacente ao ato ofensivo, podendo-se tratar disso para desfazer a cadeia de violência e reconstruir as relações de convivência fortalecedoras e dignificantes. Assim, utiliza-se a energia do conflito de forma pedagógica para abrir e consolidar as relações e os vínculos.

Estamos vivendo um momento na história da humanidade em que a geração mais velha aprende com a geração mais nova. As crianças e os adolescentes, depois de aprenderem o centramento, a prática do diálogo e da resolução pacífica e restaurativa dos conflitos, utilizam estes dispositivos dentro do ambiente familiar quando surgem conflitos, ensinando com bastante sucesso aos pais e cuidadores. Estas informações são apresentadas nas produções de texto em que os alunos relatam suas diversas experiências, e como conduzem o processo tornando-se verdadeiros mediadores. São experiências marcantes e geradoras de empoderamento, alegria, realização e autossatisfação.

Acredito que, na medida em que as práticas restaurativas para a solução de conflitos comecem a ser apropriadas pelo cidadão e aplicadas nas pequenas divergências que permeiam as relações de convivência, estaremos avançando na direção de uma cidadania participativa e responsável, consolidando os elos conectivos e vinculantes da convivência nos diversos contextos sociais. O cidadão estará verdadeiramente habitando o espaço social, emocional e político no qual está inserido, valorizando o cuidado mútuo, a solidariedade e preservando a vida.

Por fim, para que os dispositivos metodológicos possam ser efetivos, é necessário realizar encontros, reuniões, seminários nos quais a base conceitual, os princípios norteadores da Cultura de Paz e da Justiça Restaurativa sejam apresentados, refletidos e vivenciados por todos os participantes nos diversos momentos e contextos, conclamando esforços para a sensibilização, compreensão e engajamento de toda a equipe escolar, alunos e familiares, permitindo que a escola possa ser uma comunidade de aprendizagem.

Historicamente estamos num momento de bifurcação e precisamos fazer escolhas radicais: deixar a crença do uso da violência para controle e imposição de vontades e passar a acreditar e a agir por meio de ações que valorizem o livre pensar dos cidadãos, que promovam a autonomia, rejeitando toda e qualquer forma de violência, nutrindo os valores de paz, justiça, equidade nos quais a educação assuma um compromisso ativo e irrevogável nessa direção.

A experiência concreta de transformação de uma realidade pela mudança de conduta pessoal tem evidenciado que, na medida em que os profissionais e líderes começam a apresentar atitudes mais acolhedoras, conciliadoras, criando ambientes éticos alinhados com os princípios da Cultura de Paz e da Justiça Restaurativa, todo o processo de aprendizagem e das relações de convivência começam igualmente a apresentar resultados significativos, elevando os índices de aprendizagem e reduzindo os índices de violência. Além disso, a equipe escolar, os alunos, os pais e a comunidade passam a funcionar em redes de cooperação porque aprendem a considerar o outro, as singularidades, a partir de escolhas mais inclusivas, responsáveis, rumo à maturidade a fim de querer ser parte da mudança que se almeja ver no mundo.

Ao longo destes dez anos, o Programa Educadores da Paz vai ganhando consistência, é permanentemente avaliado e adaptado com base nas respostas comportamentais apresentadas e gera desdobramentos. Um deles é o Programa Gestores da Paz – uma ação em rede para melhor atendimento de alunos que apresentam condutas inadequadas que comprometem o ambiente escolar. Tendo como base norteadora os princípios e valores da Cultura de Paz e da Justiça Restaurativa, os gestores da paz discutem e analisam os casos; apresentam possibilidades e meios de ação concreta para sanar, legitimar, recuperar e incluir o aluno em risco social. São convidados a participar dos encontros regulares todos os protagonistas, representantes das instituições que podem disponibilizar os meios efetivos para a mudança: promotor e juiz da infância e juventude, conselho tutelar, Comdica, polícia militar e civil, Fundação Casa, Creas, diretoria de ensino, Secretaria de Saúde e Higiene Pública, psicólogos e assistentes sociais do fórum e toda uma rede assistencial de atendimento, num esforço conjunto de compromisso educativo. O efeito multiplicador se torna evidente na medida em que as solicitações para novos territórios vão emergindo, porém a preservação da qualidade de aplicação metodológica é de altíssima relevância e responsabilidade. Entendo que o mediador e o educador necessitem de técnicas, meios e conhecimentos, porém, se não houver explicitamente uma atitude de compromisso e responsabilidade ética que evidencie no comportamento uma motivação restaurativa, conciliadora, pacífica, apesar dos desafios e exigências dos ambientes e acontecimentos, corremos o risco da frustração. O educador da paz é aquele que fala em honestidade e é honesto, fala em respeito e é respeitoso, fala em responsabilidade e é responsável, fala em paz e é pacífico, sempre no compromisso com o amor e a verdade.

Vivi Tuppy
Psicopedagoga, gestora do Programa Educadores da Paz

Introdução

O segredo da educação é respeitar o aluno.
Ralph Waldo Emerson

As situações escolares que exigem disciplina podem, efetivamente, constituir oportunidades para aprender, crescer e formar um espírito de comunidade. Esta ideia está fundamentada na proposta de Nel Noddings, autora do livro *Caring: A Feminine Approach to Ethics and Moral Education* [Cuidado mútuo: uma abordagem feminina à educação ética e moral], segundo a qual "o objetivo da educação é revelar uma imagem atingível de si, que é mais encantadora do que aquela manifestada pelos atos praticados no momento atual".[1]

Para que isso aconteça é necessário ampliar nossa visão da disciplina como punição, ou mesmo resolução de problemas, para chegar a uma perspectiva mais holística, capaz de ver todos os aspectos do comportamento como fatores relacionados entre si. Inúmeras descobertas no campo da pedagogia e áreas correlatas já apontam nessa direção. Destacaremos aqui duas delas.

Primeiramente, a "escola pacificadora". Este é um conceito que coloca a educação como prática *para* e *pela* comunidade. Ele vem sendo amplamente reconhecido e estudado no âmbito pedagógico e tem implicações significativas para a questão aqui abordada. Em segundo lugar, os princípios e valores da Justiça Restaurativa têm muito a contribuir com nosso modo de conviver, inclusive na comunidade escolar. Embora a Justiça Restaurativa tenha surgido na cultura ocidental dentro do campo da justiça criminal, sua abordagem vem ganhando cada vez mais reconhecimento e aplicações na esfera educacional.

A presente obra se baseia nesses e noutros conceitos, e oferece algumas sugestões de como a abordagem restaurativa pode ser aplicada à disciplina e à resolução de problemas no contexto escolar. No entanto, não estamos propondo uma receita pronta para aplicação da disciplina restaurativa. Fazê-lo seria simplificar demais as situações complexas e multifacetadas que emergem da comunidade. Longe disso, a disciplina restaurativa oferece uma filosofia ou estrutura para nos guiar na formulação de programas e na tomada de decisões dentro do contexto específico da situação com a qual nos defrontamos.

> A disciplina restaurativa é uma filosofia ou estrutura.

Convidamos os leitores a levarem em consideração os valores da Justiça Restaurativa, adaptando-os para que sirvam ao seu caso particular. Fazendo isso, honramos a força e as competências presentes no ambiente em que nos encontramos.

Oferecemos este livro como recurso para professores e administradores escolares, esperando que possa ser um acréscimo útil ao conhecimento e especialidades já presentes dentro da escola.

E começamos contando duas histórias que, para alguns, soarão boas demais para ser verdade, um exagero até. No entanto, elas ilustram o potencial da abordagem restaurativa quando aplicada a escolas, e mostram que muito do nosso trabalho se assemelha à semeadura.

Não temos a ilusão de que a implantação das abordagens restaurativas seja uma panaceia capaz de curar todos os problemas de comportamento. Conhecemos, igualmente, histórias de frustração, de trabalho com alunos e situações onde se teve a impressão de que as sementes plantadas não vingariam. Mas as duas histórias que seguem demonstram que, estimulando a empatia, podemos gerar compaixão e motivar escolhas acertadas. Quando pedimos a uma criança que se coloque no lugar dos outros, as potencialidades podem se tornar realidade.

Alguém disse certa vez que em qualquer situação de conflito há pelo menos 500 alternativas. Possibilidades nunca antes aventadas estão disponíveis todos os dias nas nossas salas de aula. É preciso criatividade e um senso de que isso é possível para que essas opções sejam descobertas. Acreditamos que esta consciência das possibilidades não experimentadas constitui a nova e inexplorada fronteira da educação comunitária. Esperamos que as histórias que seguem ajudem a fomentar tal perspectiva no seu ambiente escolar.

A Brincadeira do Peru[2]

O que acontece quando se reúnem dentro de uma escola vazia, tarde da noite, cinco alunos do 3º ano do ensino médio, cinco ou seis perus e a vontade de serem lembrados? Resposta: um desastre.

O plano era pegar os perus numa avícola local, levar para a escola e correr por todo lado para fazer bagunça. Mas depois que se viram dentro da escola, segundo o relato dos rapazes, a adrenalina subiu e se tornaram um bando descontrolado.

Eles colocaram perus dentro dos armários para que voassem na cara dos colegas desavisados na manhã seguinte. Outro peru foi degolado e seu sangue espalhado pelos corredores. Outro ficou tão desesperado que voou de encontro a uma janela alta e quebrou o pescoço. Uma confusão indescritível esperava o zelador de manhã. Seu trabalho se transformou em filme de horror.

O caso foi parar na justiça, mas o juiz percebeu que essa pequena comunidade tinha feridas abertas que o sistema jurídico não podia sanar. Então o caso foi encaminhado ao programa de Justiça Restaurativa.

Inicialmente, era preciso decidir quem seria convocado para a conferência restaurativa além dos cinco rapazes e seus pais, que já tinham concordado em participar. Alguns indivíduos, inclusive pessoas da igreja, foram escolhidos para representar a comunidade em geral. Também solicitou-se a presença da diretora, do superintendente, de três professores e do zelador da escola. Um representante da mídia foi convidado, esclarecendo-se que viria como membro da comunidade. O total somou 35 participantes, incluindo um facilitador líder e cinco facilitadores comunitários treinados que atuaram como voluntários.

O processo preliminar que precedeu a conferência começou por uma reunião com os cinco rapazes e seus pais. A segunda reunião foi feita com membros da comunidade escolar, inclusive o zelador evidentemente furioso. Ele queria participar, mas insistiu que não faria parte de um encontro com baboseiras do tipo "cantar musiquinhas de mãos dadas".

O ambiente estava tenso nos momentos iniciais da conferência. Primeiro os representantes da escola falaram de sua raiva e da sensação de terem sido traídos por aqueles rapazes, cujas qualidades positivas reconheceram.

Os alunos tiveram oportunidade de falar e contaram como a brincadeira escalou para o descontrole. Manifestaram vergonha e desconforto quanto ao seu comportamento e pediram desculpas aos presentes, incluindo seus pais. O último rapaz a falar estava vermelho e tremia. Relatou que sentia tamanha vergonha do que tinha feito que era difícil caminhar pela rua principal e olhar para as pessoas.

Na última parte da conferência o facilitador perguntou se alguém queria fazer comentários finais. O zelador levantou a mão e o silêncio caiu sobre a sala. Ele dirigiu-se aos rapazes. Falou que aceitava seu pedido de desculpas. Depois, virou-se para o último rapaz e disse: "Da próxima vez que me vir na rua, pode olhar nos meus olhos porque vou me lembrar de você pelo que hoje mostrou ser, e não pelo que fez naquela noite".

Um Ambiente de Cuidado Mútuo[3]

Tive oportunidade de visitar uma escola primária pacificadora no mesmo dia em que fiquei sabendo que a mesma ganhara um prêmio estadual por excelência pedagógica. Um grupo de candidatos a professor e eu fomos conduzidos pelo diretor numa inspiradora visita pelas instalações. Os próprios educadores projetaram a escola. Insistiram em fazer mudanças que deram muito trabalho aos arquitetos, mas que, segundo acreditavam, propiciariam o senso comunitário que desejavam. Os pais dos alunos do primeiro ano podiam escolher a classe de seu filho segundo o método de alfabetização que desejavam. Somente pais eram contratados como auxiliares de classe, e voluntários da comunidade podiam ser vistos por todo o prédio.

No meio da escola havia um centro cultural que homenageava as tradições comunitárias. Na sala de mídia todos os materiais eram acessíveis a professores e alunos. Havia listas de espera para professores que desejavam trabalhar ali.

O diretor fez questão de mencionar que a escola não recebia um tostão a mais do que as outras da região. Quando perguntei a ele qual sistema disciplinar tinham desenvolvido, ele parou por um segundo e disse: "Acho que não temos um sistema disciplinar. É que não temos problemas disciplinares". Eu visitara dezenas de escolas de quatro estados durante o período em que trabalhei como psicóloga escolar e professora do ensino médio, mas nunca vira uma escola com tal ambiente de paz e engajamento comunitário.

Logo em seguida fui visitar outra escola da mesma região. Ficava mais ou menos a um quilômetro dali, e as crianças da escola que acabara de visitar cursariam o ensino médio nela. Logo na entrada notei buracos imensos no piso de ladrilho. Soube então que os armários tinham sido removidos havia pouco e colocados num lugar onde os adultos pudessem ficar de olho o tempo todo, já que os alunos haviam posto fogo nos armários naquele outro local. Quando o sinal tocava no final de cada aula, os professores trancavam a porta da sala de aula para que os bagunceiros não entrassem. Havia três salas reservadas para alunos expulsos de suas classes. A rotatividade de professores era alta e um clima de suspeita e ansiedade permeava toda a escola. O que acontecera naquela estrada de um quilômetro entre as duas escolas? Como fora desaprendido o cuidado amoroso?

Por que disciplina restaurativa?

O PAPEL DA DISCIPLINA

Uma das maiores preocupações dos pais e professores é como ajudar as crianças a se tornarem adultos responsáveis e solidários através de sua orientação e da educação. Criar uma disciplina adequada é parte importante desse processo.

A palavra "disciplina" vem de um antigo vocábulo do latim que significa "ensinar ou treinar". Disciplina é ensinar à criança regras que orientarão seu viver e que a ajudarão a se integrar à sociedade e ao seu contexto cultural. A socialização é um processo que se desenrola pela vida inteira, e que inclui ajudar as crianças a controlarem seus impulsos e adquirirem habilidades sociais que permitam uma participação integral em interações de longa duração com as pessoas à sua volta.

Em geral são vários os objetivos da disciplina. A curto prazo a disciplina pretende refrear o comportamento inapropriado de uma criança ao mesmo tempo explicando o que é apropriado. A longo prazo a disciplina visa ajudar a assumir responsabilidade por seu próprio comportamento. Quando a vida e o comportamento da criança são muito regulados pelos outros, ela não sente a necessidade de autocontrole, já que outros o fazem em seu lugar. Portanto, um importante objetivo de longo prazo é o ensino da autodisciplina.

A disciplina restaurativa se soma aos modelos disciplinares já em uso que procuram prevenir ou refrear o mau comportamento e ensinar reações mais positivas, que apoiem a vida ao invés de perturbá-la. Hoje em dia, dificilmente se vê nas escolas uma iniciativa que, de modo explícito, procure oferecer apoio à pessoa prejudicada pelo mau comportamento do outro. A disciplina restaurativa ajuda os alunos com mau comportamento a lidarem com o ato lesivo praticado contra indivíduos ou contra a comunidade escolar. Os objetivos da disciplina restaurativa beneficiam não apenas os envolvidos ou afetados pelo mau comportamento, mas também a comunidade escolar como um todo.

OBJETIVOS-CHAVE DA DISCIPLINA RESTAURATIVA

- Compreender o mal praticado e desenvolver empatia para com a vítima e o ofensor.
- Escutar e atender as necessidades da pessoa que sofreu o dano e daquela que o provocou.
- Estimular o compromisso de assumir as consequências dos próprios atos e a responsabilidade através da reflexão pessoal dentro de um processo de planejamento colaborativo.
- Reintegrar o ofensor (e, se necessário, a vítima) como membros valiosos que contribuem para a comunidade escolar.
- Criar ambientes de solidariedade que ofereçam apoio a uma comunidade saudável.
- Mudar o sistema quando ele estimula o mau comportamento.

Portanto, a disciplina se torna um processo de longo prazo que, segundo esperamos, levará as crianças a se tornarem responsáveis pelo próprio comportamento. O ensino da autodisciplina leva tempo, exige paciência e respeito pela criança. É preciso investir o tempo que for necessário a fim de preparar as novas gerações para a vida.

Como fazer isso no contexto da vida escolar? Sabemos que as crianças se comportam mal por variados motivos. Elas podem não ter aprendido ainda a diferença entre certo e errado. Podem estar perturbadas, desestimuladas, ou se sentindo rejeitadas. Talvez se sintam impotentes diante de alguma situação. Ou podem estar simplesmente passando por uma fase própria da idade – o mau comportamento muitas vezes está associado a estágios de crescimento específicos.

Mas, mesmo que a maioria das crianças siga padrões gerais de desenvolvimento semelhantes, nem sempre entram e superam essas fases ao mesmo tempo. Cada criança tem seu próprio ritmo de desenvolvimento interno e, portanto, cada uma delas progride em seu próprio tempo. Isto leva a certa imprevisibilidade, o que dá a pais e professores uma sensação de não ser possível decifrar seu comportamento.

> A disciplina é um processo de longo prazo que leva a criança a se tornar responsável.

Porém sabemos que uma pedagogia diferenciada tem sucesso quando os professores planejam respeitando ritmos e estilos de aprendizado diferentes e estruturando as tarefas de modo a atender às necessidades individuais. Acreditamos que a disciplina também deva ser igualmente individualizada a fim de atender às diferentes necessidades dos alunos. Esse assunto será mais bem analisado adiante.

O PAPEL DA PUNIÇÃO

Em seu livro *Positive Discipline in the Classroom* [Disciplina Positiva na Sala de Aula] Jane Nelsen, Lynn Lott e Stephen Glenn questionam: "De onde tiramos a ideia maluca de que para fazer uma pessoa ter um melhor desempenho é necessário primeiro fazê-la sentir-se pior?".[4] Em geral a punição consegue coibir a criança temporariamente, mas dificilmente ensina autodisciplina em primeira mão. Talvez a punição faça a criança obedecer às regras quando o responsável pela punição está por perto, e pode ensiná-la a seguir as regras no curto prazo. Mas será que a punição ensina as habilidades necessárias para compreender o significado por trás das regras?

Os efeitos negativos da punição estão bem documentados.[5] Tais efeitos incluem sentimentos de raiva por parte da pessoa punida, cujo foco passa do mal cometido para a pessoa que administrou a punição dolorosa. O aluno castigado tende então a questionar a natureza da punição e a culpar o punidor ao invés de assumir a responsabilidade pelas consequências de seu mau comportamento. Nos alunos punidos tem início um efeito dominó: eles culpam os professores, descontam sua frustração nos colegas e oferecem resistência passiva aos trabalhos escolares.

> A punição muitas vezes apresenta efeitos colaterais e não ensina a autodisciplina.

Então por que a punição continua a ser a principal característica da disciplina escolar? A resposta mais óbvia é que ela é rápida, fácil de administrar e parece atender ao critério segundo o qual "ao menos fizemos alguma coisa a respeito". Os professores em geral se sentem frustrados quando mandam um aluno para a diretoria por causa de mau comportamento, pois sabem que voltará para a classe depois de uma conversa. Muitas vezes isto não parece ser a solução apropriada. Não raro os alunos estão pouco propensos a encarar de frente o mal que praticaram, ou a assumir responsabilidade por seu comportamento. Quando isto acontece, a punição pode ser necessária para restringir as oportunidades de praticar um mal maior.

Nessas situações pode haver um papel justificável para algumas formas de punição, dentro de uma abordagem que considere a punição como remédio transitório até que se possa escolher opções mais positivas. Para alguns alunos a punição se apresenta sob uma luz melhor se vista como o início de um processo disciplinar que leva a uma tomada de decisão mais saudável e um comportamento responsável. Um plano com ações bem específicas para promover uma mudança responsável deveria suceder e substituir a medida punitiva. O apoio para a implementação desse plano de mudança virá daqueles que foram afetados pelo mau comportamento, inclusive amigos e parentes de quem ocasionou os danos.

A disciplina restaurativa, como a punição, está focada em consequências apropriadas que estimulem a responsabilidade – uma responsabilidade que enfatize a empatia com a vítima e a reparação do mal. As práticas restaurativas também fomentam a responsabilidade através de processos colaborativos, próprios da comunidade. O ideal seria concebermos processos que usam a punição, ou ameaça de punição, como *último* recurso, oferecendo opções restaurativas como procedimento padrão regulamentar. Isto é o que foi feito na Nova Zelândia dentro das varas de infância e juventude, onde a primeira medida é uma conferência restaurativa, sendo que a punição penal prescrita pelo juiz fica reservada para as situações que não foram resolvidas satisfatoriamente através do processo restaurativo.[6]

O PAPEL DA JUSTIÇA RESTAURATIVA

O conceito de Justiça Restaurativa vem sendo articulado ao longo dos últimos 30 anos, ao menos no Ocidente, como forma de abordar alguns problemas e limitações do sistema jurídico vigente entre nós. As vítimas, os ofensores e a comunidade muitas vezes sentem que o sistema jurídico não atende seus anseios por justiça. Os que trabalham no judiciário também, com frequência, sentem-se frustrados porque o sistema não promove a genuína responsabilização dos ofensores nem cuida das necessidades daqueles que sofreram os danos.

> A Justiça Restaurativa enfatiza as necessidades e as obrigações resultantes mais do que o "merecido castigo".

A sistemática da Justiça Restaurativa introduziu várias maneiras de lidar com essas questões na prática, através de inúmeras formas de mediação, conferências e círculos, muitas das quais são aplicáveis à disciplina restaurativa. A Justiça Restaurativa nos ofereceu também diferentes perspectivas ou filosofias para visualizar o ato ilícito ou danoso. Ela nos leva a focalizar as necessidades da vítima e consequentes obrigações do ofensor, em vez de garantir que as pessoas recebam o que "merecem". Ela enfatiza também a resolução de problemas através de colaboração e cooperação.

No livro *Justiça Restaurativa* desta série, Howard Zehr observa que nossas ideias sobre como lidar com o ato lesivo em geral gravitam em torno de três perguntas: Que regras foram violadas? Quem fez isso? O que ele merece receber?[7] Isso tende a deixar as vítimas fora do processo, e o foco recai na punição dos infratores. Como vimos acima, amiúde a punição se mostra ineficaz ou até contraproducente.

A abordagem restaurativa, argumenta Zehr, está centrada em seis perguntas balizadoras.

Perguntas balizadoras para uma abordagem restaurativa:
- Quem sofreu o dano?
- Quais são suas necessidades?
- De quem é a obrigação de atendê-las?
- Quais foram as causas?
- Quem tem interesse na questão?
- Qual o processo apropriado para envolver todos os interessados num esforço conjunto para corrigir a situação?

E Zehr propõe uma definição de Justiça Restaurativa idealizada para o contexto da justiça criminal:

> *Justiça Restaurativa é um processo para envolver, tanto quanto possível, todos aqueles que têm interesse em determinada ofensa, num processo que coletivamente identifica e trata os danos, necessidades e obrigações decorrentes da ofensa, a fim de promover o restabelecimento das pessoas e endireitar as coisas, na medida do possível.*

Hoje muitos já começaram a recorrer aos princípios e práticas da Justiça Restaurativa a fim de tratar problemas em outras áreas de atuação. Por exemplo, como lidar com situações que envolvem danos e violações *antes* que elas cheguem ao sistema judiciário? Como ensinar a nossos filhos a prestarem contas de seus atos e a se responsabilizarem pelas consequências? Como as crianças aprendem a lidar com conflitos e situações difíceis nas quais porventura se encontrem? O que fazer a respeito dos conflitos interpessoais de alunos que afloram na escola mas têm origem fora dela? A Justiça Restaurativa promove valores e princípios que nos estimulam a ouvir e a falar com os outros de modo a validar as experiências e necessidades de todos na comunidade.

Assim, gostaríamos de propor uma definição mais ampla, que inclua não só a natureza acolhedora da Justiça Restaurativa diante da ocorrência de um dano ou violação, mas também uma orientação sobre a convivência diária:

> A Justiça Restaurativa promove valores e princípios que utilizam abordagens inclusivas e solidárias para a convivência. Essas abordagens legitimam as experiências e necessidades de todos da comunidade, especialmente daqueles que foram marginalizados, oprimidos, ou vítimas de violência. Essas abordagens nos permitem agir e reagir de forma a restabelecer o outro, ao invés de alienar e coibi-lo.

Esta definição de justiça ou disciplina restaurativa tem várias implicações para a disciplina e o processo de tomada de decisões no ambiente escolar. Exploremos um pouco mais esta questão através de duas situações hipotéticas:

> **Situação A** – O professor entra na sala do oitavo ano pela manhã e escuta Jason xingar Sam. Ele leva Jason até o corredor e conversa com ele sobre esse tipo de linguagem, e como Sam deve estar se sentindo. Ele diz que esse tipo de tratamento não será tolerado e que tal comportamento precisa cessar. Jason então começa a contar por que tudo aconteceu, mas o professor reitera sua posição, afirmando

que as palavras que Jason utilizou são inaceitáveis e que aquilo não pode acontecer de novo.

Eles voltam para a sala de aula e o professor chama Jason e Sam de lado para dizer que tem notado que eles se tratam de forma hostil, e que deseja que isto pare de ambos os lados. A aula prossegue. Sam e Jason continuam zangados um com o outro.

Situação B – O professor entra na sala bem cedo pela manhã e escuta Jason xingar Sam. Ele leva os dois para o corredor e lhes diz que gostaria de falar com os dois logo depois do almoço na sala de aula.

Durante esse encontro ele pergunta a Sam e Jason o que está acontecendo, visto que parece estar havendo dificuldades entre eles nas últimas semanas. Jason conta que Sam estava sempre roubando seu caderno e o escondendo. Jason sabia que era uma brincadeira, mas a repetição constante acabou por irritá-lo e ele pediu a Sam que parasse. Sam continuou, e ontem Jason tinha se encrencado porque deveria entregar uma lição de inglês, que estava no caderno, que ele não conseguira encontrar. Jason se sentiu prejudicado e xingou Sam. E o professor escutou.

Sam admite que exagerou na brincadeira, e diz que não sabia do problema com a lição de inglês. Sam diz a Jason que suas ações não lhe davam o direito de xingá-lo na frente de todos da classe. Os dois meninos pedem desculpas, concordam que as coisas acabaram ficando fora de controle e afirmam não desejarem a continuação das hostilidades.

A situação **B** é a reação que tem mais probabilidade de trazer resultados positivos de longa duração dentro do ambiente escolar, mesmo que obviamente seja uma solução mais demorada.

Acreditamos que a Justiça Restaurativa ofereça a estrutura para atingir tais resultados. Para introduzir a disciplina restaurativa nas escolas não basta implementar novos programas e práticas, embora eles sejam um elemento-chave. Trata-se de oferecer uma nova *estrutura* para o trabalho que os educadores estão desempenhando. É certo que os professores podem usar práticas de disciplina restaurativa informais além das regras disciplinares já em curso. Mas o ideal é que as escolas – incluindo pais e alunos – considerem as regras e práticas existentes e concebam, juntos, uma forma de abandonar as práticas que não estão funcionando e implementar abordagens disciplinares restaurativas para toda a escola ou sistema.

Como pais, lembramos bem de ocasiões em que nos arrependemos de decisões tomadas em relação à disciplina dos nossos filhos. Olhando para trás percebemos que naquelas decisões estava faltando um fator-chave: a criatividade. A falta de criatividade levou a medidas disciplinares mais adequadas às nossas necessidades de controle ou resolução rápida do que à formação educacional de longo prazo dos nossos filhos. Ao lidar com um conflito, em geral não o percebemos como uma oportunidade ou janela pedagógica, mas como algo que precisamos superar.

Sabemos que os professores, administradores escolares, pais, auxiliares e outros que trabalham na área pedagógica já adotaram ferramentas disciplinares. Nossa esperança é que a abordagem da disciplina restaurativa ofereça uma ferramenta adicional, que disponibilize muitos recursos nunca antes imaginados.

As abordagens da disciplina restaurativa podem oferecer possibilidades novas e criativas em vez de simplesmente respostas prontas para situações que os professores e administradores enfrentam todos os dias. A disciplina restaurativa exige flexibilidade e criatividade. Exige pensar sobre os comportamentos que as regras pretendem regular, mais do que sobre as regras em si. Exige ainda consciência das consequências imprevistas dessas mesmas regras. Significa prestar atenção ao modo como aprendemos a conviver e trabalhar em conjunto.

OUTRAS RAÍZES DA DISCIPLINA RESTAURATIVA

Já examinamos a contribuição da Justiça Restaurativa no campo da disciplina restaurativa. Mas muitos outros movimentos e perspectivas também cooperaram de modo significativo.

Numa democracia, um dos objetivos principais da escola é desenvolver uma comunidade de cidadãos responsáveis. Nos últimos anos, três movimentos pedagógicos têm ampliado o foco das escolas democráticas: a Pedagogia da Resolução de Conflitos, a Educação do Caráter e a Alfabetização Emocional.

> Não é possível resolver um problema se continuarmos a pensar da mesma maneira que pensávamos quando o problema foi criado.
>
> Albert Einstein

A *Pedagogia da Resolução de Conflitos* (PRC) introduziu programas de mediação entre colegas e desenvolveu currículos para integrar a resolução de conflitos à vida escolar. Um movimento que começou com o ensino de métodos de resolução não violenta de conflitos acabou desenvolvendo a abordagem de escolas pacificadoras, que valoriza um ambiente de cuidado mútuo dentro de comunidades solidárias.

A Pedagogia da Resolução de Conflitos influenciou mais diretamente a disciplina escolar através de programas de mediação entre colegas, que em geral funcionavam como alternativa ou reforço aos processos disciplinares existentes ditados pelos adultos. Se os alunos se ajudam mutuamente a desenvolver formas de gerenciar e modificar comportamentos, a pergunta óbvia acabou surgindo: "Por que não ensinar a todos os alunos as habilidades necessárias para gerenciar seus próprios conflitos?". Os programas de Pedagogia da Resolução de Conflitos agora ensinam técnicas de negociação, além das de mediação, a todos os alunos, e não só àqueles que recebem treinamento como mediadores.

O movimento de *Educação do Caráter* se desenvolveu separadamente, mas contribuiu para o elemento de construção dos relacionamentos, ou o componente de escolas pacificadoras presente na Pedagogia da Resolução de Conflitos. Os programas de Educação do Caráter foram concebidos basicamente para ensinar e estimular valores e comportamentos positivos. Portanto, seu foco não recai tanto sobre opções específicas para uma situação de conflito, ou no potencial de tais situações para transformar o comportamento.

Entretanto tais programas oferecem estratégias para ensinar valores como responsabilidade, respeito, confiança e amizade, e também o cuidar de si, dos outros, do meio ambiente, e ainda de ideias. Todos estes são valores importantes dentro da perspectiva restaurativa.

A obra *Alfabetização Emocional*, de Daniel Goleman, constituiu o impulso que levou as escolas a considerarem tanto os componentes emocionais como os cognitivos, cruciais para o aprendizado no contexto de uma sociedade plural.[8]

Cada um dos três movimentos mencionados acima contribuiu para o surgimento da disciplina restaurativa.

Partindo do cabedal de conhecimento desses três movimentos, a disciplina restaurativa focaliza intencionalmente os elementos de transformação e relacionamento presentes na disciplina, tanto no processo de resolução de conflitos, quanto no produto ou resultado desses processos. Ao passo que a pergunta central da PRC é: "Como resolver esse problema?", a disciplina restaurativa faz o seguinte questionamento: "Como corrigir essa situação?". A primeira pergunta nos leva a buscar uma solução justa e aceitável para todas as partes. A disciplina restaurativa contribui com um nível adicional, trabalhando sobre o relacionamento que foi debilitado ou restringido.

Além desses elementos contributivos, três posições filosóficas importantes moldaram a disciplina restaurativa de modo marcante: o construtivismo, a reflexão crítica e a teoria psicoeducativa.

> A disciplina restaurativa dá preferência a soluções que envolvem cooperação.

O *construtivismo* sustenta que o indivíduo ganha sentido e motivação quando lhe é dado poder para tomar suas próprias decisões, e se engajar no processo de solução de problemas através da cooperação.

A *reflexão crítica* propõe um processo de resolução de problemas que respeita perspectivas múltiplas e enfatiza a criatividade na solução dos mesmos, enquanto analisa sistemas e situações.

A abordagem *psicoeducativa* valoriza a compreensão dos sentimentos, necessidades e conflitos interiores que motivam o comportamento. Como vimos, a teoria da Justiça Restaurativa acrescentou um foco na questão relacional: o dano provocado pelo mau comportamento e a consequente necessidade de corrigir as coisas tanto quanto possível. Exploraremos os princípios e valores restaurativos no Capítulo 3.

O *CONTINUUM* QUE VAI DA PUNIÇÃO À RESTAURAÇÃO

A disciplina restaurativa não busca negar as consequências do mau comportamento. Ao invés disso, se concentra em ajudar os alunos a compreenderem o verdadeiro dano causado por suas ações, a assumirem responsabilidade por tal comportamento, e a se comprometerem a mudar para melhor. Propomos um *continuum* de medidas disciplinares ou escolhas pedagógicas, que vai da *punição* para as *consequências*, daí para as *soluções*, terminando na *restauração*.

O *continuum* disciplinar

← punição   consequências   soluções   restauração →

Dentro da abordagem *punitiva*, as consequências são selecionadas sem qualquer ligação de significado entre o mau comportamento e a punição. Por exemplo, uma suspensão é imposta quando um aluno roubou o tênis de outro e depredou a sala dos armários. Na abordagem *causal*, procura-se adequar a punição à violação, relacionando-se, natural ou artificialmente, as consequências à infração. Isto poderia significar que a consequência para o aluno seria a de limpar a sala dos armários. Essas consequências são escolhidas pelos adultos ou por um júri de pares dentro de um menu de opções visivelmente ligadas à violação cometida. O espírito aqui é o de fazer o aluno corrigir o mal cometido.

A abordagem *resolutiva* vê o mau comportamento como um problema a ser resolvido. No caso aventado acima, o procedimento disciplinar examinaria os motivos que levaram o aluno a ir até a sala dos armários, cometer o vandalismo e roubar o tênis. Os educadores conhecem bem a "avaliação de comportamento funcional", que busca a função ou propósito do mau comportamento para depois desenvolver um plano que substitua este por um comportamento positivo que atenda às necessidades do aluno, sem quebrar as regras. No exemplo do furto, o encarregado da disciplina talvez descobrisse, depois de entrevistar testemunhas, que o aluno que roubou o calçado estava magoado porque o dono dos tênis, seu colega de time, vinha jogando mais tempo do que ele durante as partidas. Um plano para mudanças talvez incluísse um novo modo de distribuir o tempo em campo entre os alunos.

Ao usarem os procedimentos punitivo, causal e resolutivo, os adultos em geral selecionam as estratégias sem ouvir o aluno infrator. Algum tipo de retribuição é imposta ao longo desses procedimentos, mesmo que seja escolhida com a intenção de tratar os problemas subjacentes. Mas na abordagem *restaurativa* há o reconhecimento das necessidades e propósitos presentes na raiz no mau comportamento, e também das necessidades dos que foram prejudicados por ele. A abordagem restaurativa trabalha com todos os interessados a fim de encontrar um jeito de endireitar as coisas novamente e criar um plano para mudanças futuras. Assim, o foco recai sobre o restabelecimento que virá através de um processo de encontro cooperativo.

> **A Disciplina Restaurativa:**
>
> - reconhece os propósitos do mau comportamento
> - cuida das necessidades daqueles que foram prejudicados
> - trabalha para corrigir os danos
> - tem por objetivo melhorar o futuro
> - busca a cura ou restabelecimento
> - usa processos de cooperação

Tanto a abordagem *punitiva* como a *causal* estão baseadas na esperança de que os resultados desagradáveis ou o sofrimento coibirão o mau comportamento futuro. Para a abordagem *resolutiva*, a solução do problema evitará mau comportamento futuro, já que este será substituído por um comportamento mais saudável. A abordagem *restaurativa* advoga que os infratores escolherão opções respeitosas quando conseguirem compreender, através do diálogo com os prejudicados, todo o sofrimento que causaram por seu mau comportamento. O caso que segue ilustra uma abordagem inicialmente punitiva que se tornou restaurativa.

> A abordagem resolutiva sustenta que a resolução de problemas estimulará comportamentos mais saudáveis.

> Amy, de 13 anos, ouviu um sonoro "não" de sua mãe quando pediu para ir a um evento com os amigos. Amy reagiu com raiva, batendo portas e sendo desrespeitosa, especialmente depois de sua mãe dizer que o motivo da

recusa era: "Porque não!". O desentendimento se prolongou a tarde toda, até que a mãe resolveu mostrar à filha as consequências de seu mau comportamento impondo a ela um castigo: ficar sem sair com os amigos por três semanas.

A tensão e ansiedade entre as duas perdurou até que se sentaram para discutir o acontecido. Ambas reconheceram a raiva que estavam sentindo, algo que acabara por levar a um castigo que Amy considerou injusto. Amy disse que tinha aprendido que não devia ficar com raiva por que isso levaria a uma punição. A mãe explicou que a punição foi resultado do *modo* como Amy demonstrou sua raiva, e não da raiva em si. À medida que foram conversando, Amy reconheceu que merecia sofrer as consequências de seu mau comportamento, mas aventou a hipótese de um castigo que não fosse ficar sem ver os amigos. Ofereceu-se para preparar todos os jantares da família durante uma semana e assim diminuir seu tempo de castigo de três para duas semanas.

O ideal seria que esta conversa sobre a manifestação inadequada da raiva tivesse acontecido antes do castigo, mas, obviamente, o nível de nervosismo era alto e o de criatividade baixo. Ao permitir que Amy tivesse voz no que diz respeito às consequências de suas ações, foi possível abrir todo um leque de variáveis, em vez de simplesmente ficar de castigo três semanas sem sair.

A nova alternativa deu a Amy e à sua mãe/pai ocasião de passarem mais tempo juntos durante uma semana, pois prepararam as refeições juntos. Ensinou a Amy habilidades muito úteis para a vida, e deu a seus pais oportunidades para conversar com ela sobre os motivos pelos quais não permitiram que ela fosse ao evento com os amigos. Todos tiveram a chance de conversar de uma maneira tranquila, o que não se consegue no meio de um conflito. Conseguiram falar sobre seu relacionamento em vez de tratar apenas do assunto mais urgente, e foi possível olhar para mágoas subjacentes. Isto formou a base para que passassem a falar sobre os valores que são importantes na criação de um relacionamento significativo.

Tratemos, então, dos valores e princípios que embasam e formatam a disciplina restaurativa.

VALORES E PRINCÍPIOS DA DISCIPLINA RESTAURATIVA

Muitas escolas já desenvolveram declarações de valores que são a base de suas políticas e códigos de ética. Esses valores servem para orientar as expectativas de todos os membros da comunidade escolar. Muitos deles já refletem os valores mais amplos da Justiça Restaurativa. Em geral nesse conjunto de valores figuram o respeito, a verdade, a confiança, o autocontrole, a autodisciplina, a aceitação, a responsabilidade e a prestação de contas.

A Justiça Restaurativa enfatiza muitos desses valores e articula princípios baseados neles. Em seu livro *Justiça Restaurativa*, Howard Zehr explicita os princípios básicos da Justiça Restaurativa:

A justiça restaurativa...
- Focaliza os *danos* e consequentes necessidades (das vítimas e também das comunidades e dos ofensores).
- Cuida das *obrigações* advindas dos danos cometidos (obrigações do ofensor, mas também da comunidade e da sociedade).
- Vale-se de *processos inclusivos*, de *cooperação*.
- *Envolve* a todos que têm legítimo *interesse* na situação (vítimas, ofensores, membros da comunidade, a sociedade).
- Busca *corrigir* os males.

Todos esses princípios precisam estar necessariamente fundados no respeito pelo outro.

Abaixo estão enumerados vários princípios que refletem valores e conceitos necessários à implementação da disciplina restaurativa no ambiente escolar. Neles estão contidas importantes implicações. Para criar essa enumeração nos valemos de inspiração e sugestões vindas das obras de muitos autores.

A disciplina restaurativa...

1. Reconhece que os relacionamentos são o cerne da construção do espírito comunitário.

- A disciplina restaurativa procura fortalecer os relacionamentos e construir um senso comunitário estimulando um ambiente de cuidado mútuo na escola.
- Cada aluno, professor, administrador e funcionário é valorizado enquanto membro da comunidade escolar.
- Os alunos devem ser envolvidos no processo de explicitar os valores e princípios que vão reger a vida dentro da comunidade escolar.
- As atividades extracurriculares estarão mais bem estruturadas quando construírem laços entre os alunos e vínculos com a comunidade.

2. Cria sistemas que tratam o mau comportamento e os danos de modo a fortalecer os relacionamentos.

- As escolas possuem regras e normas para oferecer um lugar seguro para o aprendizado. Mas a verdadeira segurança vem do cultivo e manutenção de relacionamentos de cuidado mútuo.
- As regras e normas devem refletir os valores e princípios escolhidos consensualmente pela comunidade escolar.

- Essas regras e normas precisam tratar as causas que originam os problemas disciplinares ao invés de apenas seus sintomas. As causas do mau comportamento podem ser múltiplas e cada uma delas deve ser examinada e trabalhada.
- O melhor é estruturar a escola como uma série de pequenas unidades, pois isto facilita a criação de um espírito comunitário através da formação de relacionamentos.

3. Focaliza o dano em vez de unicamente a desobediência aos regulamentos.
- O mau comportamento é uma violação de pessoas e relacionamentos e não uma mera desobediência às regras.
- A solução para a ofensa precisa envolver todos os que sofreram por causa do ato danoso.
- A vítima da violação é o centro primário do relacionamento que precisa ser tratado. Relacionamentos secundários que talvez tenham sofrido impactos podem ser aqueles com outros alunos, professores, pais, administradores escolares e a comunidade.
- Muitas violações surgem de tentativas para reagir a fatos percebidos como injustiças. Mas as vítimas da violação também se sentem injustiçadas. Desse modo, o processo disciplinar precisa abrir espaço para ventilar tais percepções.

4. Dá voz à pessoa que sofreu a violação.
- A preocupação com a segurança imediata da pessoa atingida é fator prioritário.
- As pessoas afetadas devem ter oportunidade de expressar sua opinião sobre como deve ser solucionada a situação.

5. Envolve as partes num processo solidário de resolução de problemas.
- O mau comportamento gera perigo e também oportunidades para todos os envolvidos.
- Todos nós agimos para satisfazer nossas necessidades humanas (pertença a um grupo, liberdade, poder e felicidade). Nossos alunos também escolhem comportamentos a fim de atingir a satisfação dessas necessidades básicas.
- Família, estudantes e comunidades são incentivados a auxiliar na identificação dos problemas e também de soluções capazes de atender tais necessidades.
- O mau comportamento pode se tornar uma oportunidade de aprendizado se todos forem envolvidos no processo.

6. Empodera para a mudança e o crescimento.
- Para que os alunos mudem e cresçam, precisamos ajudá-los a identificar suas necessidades e a encontrar vias para satisfazer essas necessidades de modo vital, construtivo e saudável.
- O conflito interpessoal é uma parte integrante do convívio com os outros.
- O conflito nos oferece uma oportunidade de mudança se ele for tratado através da escuta respeitosa e atenta, resolução solidária de problemas, confiança e estruturas de responsabilização que forneçam apoio ao cumprimento do compromisso de construir relacionamentos saudáveis.

7. Aumenta a responsabilidade.
- A verdadeira responsabilidade requer a compreensão do impacto que nossa ação tem sobre os outros; requer o reconhecimento explícito desse impacto e a tentativa de corrigir os efeitos negativos de nossos atos.
- As consequências disciplinares devem ser: razoáveis, relacionadas com a ofensa, restaurativas e respeitosas.
- Os alunos devem ser continuamente convidados a se tornarem responsáveis e solidários.
- Alguns alunos escolhem resistir às mudanças e nesses casos é preciso que os adultos tomem decisões quanto ao modo de responsabilizá-los.
- Por vezes, para que o aluno se disponha a reconhecer os resultados negativos do seu comportamento, é necessário insistir em "supervisão" (o aluno sabe que alguém estará ali se for preciso) em vez de "monitoramento" (alguém sempre dizendo ao aluno o que fazer e como se comportar).

Antes de implementar qualquer medida, sugerimos que ela seja testada através dos indicadores de disciplina restaurativa listados abaixo, que refletem os princípios expostos acima.

INDICADORES DE DISCIPLINA RESTAURATIVA
Estaremos caminhando na direção da disciplina restaurativa se...
1. Focalizarmos em primeiro lugar os relacionamentos e em segundo lugar as regras.
    - A reação disciplinar proposta vai além da preocupação com a violação de uma regra? Estamos dando igual atenção aos males sofridos pelos indivíduos e pela comunidade?

- Enquanto se apuram informações sobre o caso, que medidas estão sendo tomadas para garantir a segurança dos envolvidos?
- Foram identificadas pessoas que, nesse contexto, podem ser chamadas a dar apoio aos envolvidos (como um defensor, um líder religioso, um mentor, um terapeuta ou outros)?
- Todos os envolvidos dispõem dos recursos necessários (transporte, creche, tradutor, acessibilidade etc.)?
- Pensou-se na questão de manter ou não a confidencialidade do processo e dos resultados da apuração?
- Há questões que envolvam preenchimento obrigatório de relatórios oficiais?
- Como a informação será divulgada, se necessário?

2. Dermos voz às pessoas que sofreram os impactos da ofensa.
- A medida disciplinar atende às necessidades das pessoas que sofreram a violação, tanto a vítima direta quanto outras que tenham sido afetadas? Deu-se oportunidade aos atingidos para participarem da resolução do problema? Perguntou-se às vítimas do que elas precisam e qual a visão que elas têm de um processo justo?

3. Dermos voz à(s) pessoa(s) que causou (causaram) o dano.
- O ofensor teve oportunidade de dizer quais são suas necessidades?
- A medida disciplinar atende a essas necessidades?
- Ela abre oportunidades para que o ofensor participe da resolução do problema?
- O causador do dano teve chance de dizer em que pode contribuir, ou o que pode oferecer?

- O ofensor teve oportunidade de falar qual a sua visão de um processo justo?

4. Envolvermos a todos num processo solidário de resolução de problemas.

- Estão se encontrando soluções de modo colaborativo, ou seja, todos os afetados (ou seus representantes) pelo comportamento nocivo estão totalmente engajados? Todos os participantes estão representados na mesa de diálogo para a tomada de decisões? Todas as decisões foram tomadas de modo colaborativo depois de todos os envolvidos serem ouvidos?
- Dado que existe um desequilíbrio entre pessoas e instituições, foi esse desequilíbrio reconhecido, explicitado, discutido e tratado?

5. Realçarmos a responsabilidade.

- A medida disciplinar ajuda a pessoa a assumir a responsabilidade pelo dano causado, ou está focada principalmente em punir?
- O autor da violação compreendeu o modo como suas ações afetaram outras pessoas? Caso contrário, existe algum plano gradual para ajudá-lo a compreender (como aulas sobre determinado assunto, aconselhamento, terapia)?
- Todos reconhecem que algumas pessoas escolhem resistir a mudanças, e precisam que outras as ajudem a tomar decisões quanto à sua responsabilização? Neste caso, poderá ser necessário que a medida disciplinar cabível seja escolhida por outros num processo de tomada de decisão.

6. Empoderarmos para a mudança e o crescimento.
- A medida disciplinar permite que o causador do dano se envolva no processo de reparação a fim de reforçar seu crescimento e competência?
- O ofensor assumiu a responsabilidade pelos danos causados por seus atos? Em caso negativo, que medidas devem ser tomadas para fomentar um processo que leve ao atendimento de suas necessidades de crescimento e competência?

7. Planejarmos para restaurar.
- A medida disciplinar permite que vítima e ofensor recebam apoio e sejam reintegrados à comunidade?
- A questão da responsabilização foi adequadamente atendida de modo que a vítima se sentiu satisfeita?
- No caso de ter sido feito um acordo quanto aos próximos passos, desenvolveu-se um processo que assegura seu cumprimento?
- Reconhece-se que uma solução possível é a "separação" (estabelecer procedimentos que impeçam a interação) como esforço para atender prioritariamente as necessidades de segurança da vítima?

No Capítulo 5 examinaremos vários modelos e aplicações desses princípios. Mas a disciplina restaurativa não se resume a tratar situações ou problemas individuais. Ela evidencia a importância de criar ambientes que desestimulam o mau comportamento e incentivam as reações restaurativas. Esse é o assunto a ser tratado no Capítulo 4, a seguir.

4

CAMINHANDO EM DIREÇÃO A UM AMBIENTE RESTAURATIVO

A disciplina restaurativa adotada pelas escolas pacificadoras é a faceta preventiva e pedagógica da abordagem restaurativa. O movimento das escolas pacificadoras, popularizado por educadores como Bodine, Crawford e Schrumpf, desenvolveu programas para escolas que oferecem em seus currículos a resolução de conflitos para casos individuais (como aulas de gerenciamento da raiva), para classes (como aulas de negociação integradas às matérias curriculares), para atividades extracurriculares ou para regras e normas (como indicadores de regras e normas restaurativas), e para programas comunitários (como o *Big Brothers/Sisters* [Irmãos Maiores]).[9]

Tal abordagem busca desenvolver uma cultura de não violência na escola através da criação de um ambiente pacífico e do ensino de habilidades de negociação e mediação. A disciplina restaurativa abarca a abordagem das escolas pacificadoras, mas focaliza mais pontual ou intencionalmente as práticas restaurativas que podem ser aplicadas no caso de uma violação.

Os dois ramos da disciplina restaurativa – a prevenção e a restauração – reconhecem o valor do conflito para o processo educativo. Os psicólogos da educação Johnson e Johnson afirmam que, em geral, senão todas as vezes, o aprendizado requer conflito.[10] E como afirmaram Piaget e outros, o conflito constitui a dissonância que potencializa a assimilação e a acomodação do aprendizado.

Do ponto de vista restaurativo, a disciplina pode ser comparada a uma conta bancária. Se você tira dinheiro do banco e não deposita nada, isto o levará à bancarrota. Quando se disciplina uma criança, estamos retirando da conta dos *relacionamentos*. A conta dos relacionamentos tem lastro no respeito, na responsabilidade mútua e mesmo nas amizades formadas com uma comunidade amistosa. Se o trabalho básico de formação de um senso de comunidade não foi feito, a criança não tem fundos e, portanto, não tem nada a perder pelo mau comportamento ou pelo enfrentamento. A criança tem pouca motivação para mudar.

Muitos educadores falam de uma proporção de 5:1 (cinco depósitos para uma retirada) para que os alunos tenham bom desempenho acadêmico. Sempre que se confronta uma criança por mau comportamento, o relacionamento sofre uma perda ou estresse. Seguindo o raciocínio acima, o professor precisa oferecer cinco reforços positivos para cada confrontação. Tanto a vertente do reforço/instrução quanto a vertente restaurativa são necessários para que o aprendizado e a motivação estejam presentes em sala de aula.

Citando Nelsen, Lott e Glenn: "Pesquisas mostram que o fator que melhor prevê o sucesso acadêmico é a percepção que o aluno tem de 'será que o professor gosta de mim?'"[11] Se a criança não se sente querida, pode lhe faltar a segurança necessária para se arriscar no campo acadêmico, e talvez não se sinta suficientemente integrada à vida comunitária para se esforçar em preservá-la. No entanto, se já foram estabelecidos relacionamentos significativos antes de algo dar errado, as pessoas estarão mais propensas e motivadas a resolver as suas diferenças através do diálogo – o que não aconteceria se esses relacionamentos não existissem. Minhas pesquisas (de Judy Mullet) mostram que isto também vale para crianças com dificuldades de aprendizado.

Mas mesmo que a formação de relacionamentos contribua para o sucesso acadêmico, este não é o único motivo pelo qual procuramos cultivar relações saudáveis nas escolas. Simplesmente, esta é a única coisa correta a se fazer entre seres humanos solidários.

> Não existem ações neutras. Ou elas tiram vida ou dão vida.

O movimento das escolas pacificadoras busca criar e nutrir relacionamentos, e seu ramo restaurativo procura sanar os relacionamentos rompidos ou deteriorados.

Uma escola pacificadora é definida por suas práticas, aquelas atividades diárias que constroem relacionamentos positivos e comunidades de cuidado mútuo. Brennan Manning observa que não existem ações neutras: a cada momento nós tiramos vida ou damos vida.[12] Portanto, as escolhas que as crianças fazem são doadoras de vida ou prejudiciais à vida. Para desenvolver a autodisciplina que permite fazer boas escolhas, é preciso que o aluno compreenda os efeitos que suas ações têm sobre os outros, e também as muitas alternativas de comportamento disponíveis.

A disciplina restaurativa oferece uma estrutura que auxilia a comunidade escolar, pois modela e estimula comportamentos responsáveis, desestimulando os comportamentos prejudiciais. Quando as escolas passam a ver no conflito um momento e uma oportunidade para ensinar, podem conceber ambientes e processos que valorizem a construção de relacionamentos e espírito comunitário. Esse processo começa pela análise dos modelos úteis não apenas para as crianças, mas também para os adultos: professores, administradores escolares e funcionários. Se as crianças não virem os adultos adotando essas práticas, se não as virem em ação e de fato vivenciarem os procedimentos, não acreditarão no valor da transformação de conflitos.

CARACTERÍSTICAS DAS ESCOLAS PACIFICADORAS

A seguir enumeramos alguns indicadores ou características de escolas que oferecem ambientes pacíficos ou restaurativos. (Salvo indicação em contrário, os casos ilustrativos são de Judy Mullet.)

1. *Os educadores são modelos de práticas restaurativas: Que modelo está sendo criado na sua escola?*

O seu modo de ser determina em grande parte se os alunos vão querer mudar ou mesmo aprender a mudar. Nossa ideia do que é possível se forma pela observação do ambiente à nossa volta. A pedagogia da resolução de conflitos deve começar pelos professores antes de chegar aos alunos. Eles ensinam a partir de uma estrutura de cuidado amoroso? Educadores e funcionários da escola consideram que sua missão é a de desenvolver a criança como um todo, e não apenas o ser acadêmico?

Os valores de cuidado, respeito e sensibilidade são levados em consideração no processo de seleção e contratação de professores? A Justiça Restaurativa é um valor atuante nas regras, normas e práticas para os relacionamentos entre os adultos da escola? O programa de desenvolvimento profissional inclui cursos sobre Justiça Restaurativa?

As balizas da Justiça Restaurativa (p. 45-46) podem ser listadas e utilizadas como medida para avaliar os esforços restaurativos da escola. Sabemos que os alunos são rápidos em detectar hipocrisia, portanto, essa lista deve ser usada para avaliar as regras, normas e práticas administrativas aplicadas às questões que envolvem professores e pessoal administrativo – antes de serem implementadas entre os alunos. Quando os alunos percebem que os adultos se tratam com respeito e cuidado mútuo, ficam mais propensos a imitar esse comportamento e a adotar as práticas restaurativas oferecidas a eles.

2. *Ambiente físico de cuidado dentro da classe: Como é o ambiente que os alunos veem, ouvem, sentem?*

Há espaços seguros e lugares em que se pode trabalhar de modo solidário e restaurativo? As diferenças estão sendo valorizadas? Quais as limitações evidenciadas pelas conversas entre os alunos? O espaço é convidativo para visitantes e alunos regulares? Que elementos já existentes no ambiente convidam à colaboração e à restauração? A linguagem usada para descrever os espaços da escola também influencia o contexto social. Por exemplo, nas escolas onde o local das refeições se chama "refeitório" muitas vezes há maior respeito e civilidade do que naquelas onde o espaço é chamado de "lanchonete".

> Veja a punição como um passo em direção de escolhas de comportamento mais doadoras de vida.

Numa escola particular no estado da Virgínia foi colocada uma pequena placa branca na porta do armário de cada aluno que serve como um quadro de avisos ou lousa. Usando esse espaço, os alunos podem deixar recados para os colegas e aproveitam para escrever bilhetes de feliz aniversário ou desejar uma boa prova, ou para desenhar símbolos de estímulo e encorajamento na véspera de jogos ou exames. O regulamento da escola vê essa opção de comunicação como um privilégio e os autores dos bilhetes são responsáveis por honrar a filosofia e a missão da escola escolhendo palavras à altura. Todos os anos, levo os professores da cidade para um "passeio ético" [13] a essa escola, e eles sempre notam que a atmosfera de cuidado mútuo surte uma influência sobre eles depois de passar pelos armários e ler as mensagens.

3. *Clima emocional de cuidado mútuo dentro da classe: Quais as rotinas, procedimentos e práticas na sala de aula?*
Qual a estratégia adotada para que os alunos se apropriem de rotinas e regras, usem o tempo e sigam rituais amistosos em classe? São aberturas e finalizações, transições, atividades que criam um senso de comunidade, aprendizado cooperativo, reuniões comunitárias? Como se lida com os conflitos em sala de aula? Adotou-se um modelo disciplinar evolutivo que usa a punição como transição para escolhas comportamentais mais promotoras de vida? Essa estratégia inclui um processo que começa nas consequências do mau comportamento e segue para a solução do problema e a restauração dos relacionamentos?

Algumas classes adotam mesas de paz ou cantinhos de negociação, onde os alunos vão resolver os problemas entre si. Um professor de música do ensino médio de Indiana, Estados Unidos, faz um círculo com os integrantes do coro nos dias em que percebe que algo está interferindo com o desempenho do grupo. Pede a todos que partilhem na roda as barreiras que estão vivenciando, e então se segue uma sessão de sugestões e diálogo sobre possíveis soluções para atender às necessidades individuais, ao mesmo tempo, levando o coro a crescer como grupo. Por consenso, escolhem ações que permitam chegar a tais resultados. Esse processo é uma estratégia a mais que estimula a participação e a responsabilidade na vida comunitária.

4. *Estruturas escolares restaurativas: Quais são a missão, as regras, as normas e as práticas da comunidade escolar?*

A identidade e os propósitos da escola se evidenciam nos acontecimentos do dia a dia e em cada momento da vida escolar? Os professores também precisam ser treinados em mediação e negociação, e devem aplicar esses conhecimentos nos seus relacionamentos mútuos. Os administradores veem os professores como meios necessários à consecução de um fim, ou como um fim em si mesmos? Os parâmetros curriculares contemplam a alfabetização emocional?

> Os professores também precisam treinamento em mediação e negociação.

Minha filha, que está nos últimos anos do ensino fundamental, me pediu para largar o coro comunitário do qual vinha participando fazia três anos. Quando perguntei o motivo, ela respondeu: "O regente parece que se importa mais com a minha voz do que comigo. Não gosto disso. Cantar perdeu a graça". Ninguém gosta de se sentir usado. Quando o foco percebido passa a ser a função e não a pessoa, ela se sente usada. Quando os professores são valorizados somente pelas notas de seus alunos, eles se sentem usados. Quando os administradores são "ótimos" somente porque conseguem uma posição de "escola eficaz", sentem-se usados. No final, as pessoas "usadas" perdem a alegria de aprender e de ensinar.

O currículo não ensina; quem ensina é o professor. As estatísticas não estimulam; isso é papel dos administradores. As escolas pacificadoras valorizam funcionários e alunos pelo que são: seres humanos valiosos. O diretor de uma faculdade de ciências e letras do Kansas observa que o sucesso de sua instituição reside nos professores e funcionários que tratam cada aluno como um talento único. Os professores dedicam horas para aconselhar e estimular os educandos em relação às suas escolhas de vida, mesmo quando estes mudarão de escola. Se o enunciado da missão da escola diz que ela se importa com seus alunos, então práticas específicas de cuidado deveriam se tornar hábitos ali.

5. Pedagogia de Resolução de Conflitos: Como se ensina resolução de conflitos na escola?
Como os alunos aprendem as habilidades de negociação, mediação e construção de consenso? Eles aprendem estratégias para tratar de conflitos nas aulas de História, Língua Pátria, Matemática, Educação Física e Ciências? Existe um currículo transversal que aborde o aprendizado da resolução de conflitos em todas as matérias? Um currículo identitário que auxilie os alunos a descobrirem seus dons de relacionamento interpessoal? Um currículo de exercícios que estimule os educandos a praticarem atos de bondade?

Nos Estados Unidos, professores de alunos do pré-primário ao 3º ano do ensino médio têm à sua disposição inúmeros currículos para essas habilidades passíveis de adaptação à sua matéria específica.[14] Algumas sugestões estão nas referências bibliográficas deste livro.

Os professores às vezes incorporam orientações para resolução de conflitos às regras de sua classe ou aos acordos coletivos de conduta. Regras comuns de negociação são, por exemplo: concordar em falar sobre os problemas, ouvir sem interromper, usar linguagem polida. Elas podem ser articuladas dentro das regras da escola ou da classe sob o item "Respeitar os outros".

6. *O currículo da bondade: Como ensinar hábitos de gentileza na escola?*

Os alunos precisam aprender a identificar suas emoções e a gerenciá-las adequadamente; desse modo, conseguem aprender a apreciar, afirmar e iniciar um comportamento que mostre consideração pelo outro. Também podem aprender a escutar ativamente e a expressar de modo preciso e gentil suas necessidades para evitar problemas, ou resolvê-los com criatividade.

A paz começa com o ser incluído e com a inclusão dos outros. Convivência significa respeitar outros pontos de vista, desenvolver perspicácia na empatia e entender o preconceito e seu funcionamento.

> Aprendemos empatia ao sermos convidados a encontrá-la em nós mesmos.

Bondade se aprende planejando e implementando celebrações. As crianças aprendem a confiar, ajudar e partilhar com as outras. Tais habilidades podem estar presentes e ser ensinadas em sala de aula.

Certa vez tive que enfrentar um problema relacionado à hora do lanche quando visitei uma classe de primeiro ano que estava inserida num projeto de apoio comportamental. Eu era a representante da universidade e tinha o papel de supervisionar a professora estagiária. Ela me explicou que precisava monitorar o lanche e, portanto, não poderia se reunir comigo no horário da minha permanência na escola. Contou-me que, se não estivesse vigilante, Sean provavelmente tentaria roubar os biscoitos caseiros que a mãe de Jasper fazia e mandava no lanche todos os dias. Quando Sean saiu para ir ao banheiro, pedi à professora se podia falar com Jasper.

"O que você acha que vai acontecer se puser um desses biscoitos na mesa do Sean antes de ele voltar?"

"Acho que ele vai comer."

"Acho que antes ele vai fazer uma outra coisa. Ele vai ficar surpreso, depois vai sorrir e olhar para você. Como faremos para descobrir o que vai acontecer?"

"Eu consigo colocar um biscoito na mesa dele rapidinho."

E Jasper pulou da cadeira e colocou o biscoito no meio da carteira de Sean.

"Onde nos sentaremos para ver bem a reação dele?", perguntei.

Cada um de nós escolheu um ângulo diferente para observar a volta de Sean. O menino não viu o biscoito até estar sentado. E então abriu um grande sorriso e olhou para Jasper sem dizer nada. Só olhou para Jasper. Na minha visita seguinte, a professora me contou que desde aquele dia os dois se sentam juntos para comer o lanche.

Aprendemos empatia quando somos convidados a encontrá-la dentro de nós mesmos. A empatia fomenta a compaixão e serve de motivação para fazer escolhas acertadas. Quando ajudamos as crianças a se colocarem no lugar do outro, as possibilidades se tornam realidades.

7. Partindo de aulas diferenciadas para uma disciplina diferenciada: Como usar disciplina diferente em diferentes contextos escolares?

Se constatamos que a instrução deve estar de acordo com a potencialidade de cada um, não seria lógico concluir que devemos escolher estratégias disciplinares distintas para alunos diferentes? Ao compreender as necessidades emocionais e a inteligência emocional de cada criança, fica mais fácil, para educadores e alunos, escolher processos que valorizam as potencialidades do aluno, levando ao empoderamento que permite a mudança.

Alguém roubou o *short* de Allison enquanto ela tomava banho depois da aula de Educação Física. Ela ficou sabendo que não poderia voltar a fazer as aulas de Educação Física do sétimo ano a não ser que trouxesse o *short* do uniforme oficial. No dia seguinte, trouxe dez dólares para comprar um *short* e os deixou em seu armário antes de ir para a aula. Ao voltar para o armário no corredor, percebeu que estava ali um rapaz, conhecido, que costumava vir com ela no ônibus. Ele bateu apressadamente a porta do armário e saiu correndo. Um outro aluno que estava por perto disse que o rapaz abrira o armário dela com um chute e levara embora alguma coisa de dentro.

Allison explicou o caso ao professor de Educação Física, que não a deixou entrar na aula. Quando ela contou a história à sua professora de classe, a mesma respondeu: "Allison, você conhece muito bem a regra. Não é permitido trazer dinheiro para a escola". Instada pelos pais, Allison procurou a diretora, e de novo ouviu: "Me desculpe, Allison, mas você sabe que não se pode trazer dinheiro para a escola".

Ao contar essa história para pais do ensino médio, ouvi outras histórias em torno da mesma questão. A escola impõe as regras mais fáceis de administrar. Em geral a consequência disso é que a vítima acaba sendo ignorada ou culpada pelo dano.

Ao deixarmos que as regras regulem nossa reação à violação, em vez de nos fiarmos nos relacionamentos, todos saem perdendo. As famílias passam a perceber a escola como uma instituição que não liga para seus filhos, e deixam de contribuir, ou participam menos. As vítimas se sentem impotentes e violadas, e talvez invistam menos no trabalho escolar. Os colegas são desestimulados a falar o que viram, pois sentem que no final nada acontecerá com os responsáveis pelo mal praticado. Professores e administradores se sentem frustrados pois acham que não têm outra opção. Os malfeitores culpam as vítimas, e quando finalmente alguém os responsabiliza, eles não entendem suas obrigações ou a necessidade de assumir responsabilidade.

> Todos saem perdendo quando, diante de uma ação socialmente nociva, nos fiamos nas regras em vez de nos relacionamentos.

Por exemplo, a situação descrita acima pode estimular o rapaz a roubar novamente. Se depois ele roubar o rádio de um carro destrancado e for pego pela polícia, poderá pensar: "Por que estou sendo punido se o dono do carro é que tinha a responsabilidade de trancar o carro? A culpa é dele". Um incidente isolado pode contribuir para uma espiral descendente nos relacionamentos comunitários.

E se nessa situação fosse conduzido um diálogo restaurativo que respeitasse as necessidades legítimas daqueles que foram prejudicados e daquele que praticou o mal?

Em vez de impor consequências predeterminadas – ou mesmo não fazer nada –, o que aconteceria se fosse convocada uma reunião incluindo todos os envolvidos? Todos os que viram o que aconteceu, as vítimas, os adultos significativos na vida da vítima e do ofensor se encontrariam para decidir como corrigir a situação e evitar que ocorrências semelhantes aconteçam no futuro.

REGRAS E NORMAS FLEXÍVEIS

Muitas escolas já estão implementando abordagens restaurativas através de suas regras e normas internas, muito embora talvez não utilizem essa terminologia. Lorraine nos oferece o seguinte exemplo de uma escola cujas políticas disciplinares não são necessariamente restaurativas, mas têm suficiente flexibilidade para permitir uma reação restaurativa.

A escola tem uma "norma sobre uso de substâncias psicoativas" que se aplica a qualquer aluno envolvido em atividades extracurriculares, posições de liderança, exibição pública ou qualquer outra atividade escolar ou sob a supervisão dos funcionários da escola. A norma é válida 24 horas por dia, 365 dias por ano enquanto o aluno estiver matriculado nessa escola particular.

Caso ocorra uma violação da regra durante o ano escolar, o aluno pode ser suspenso das atividades extracurriculares por 40-60 dias corridos a partir da data da transgressão. No entanto, a escola também tem uma regra que inclui "o direito de tomar medidas disciplinares adicionais e aplicar penalidades mais ou menos severas do que aquelas descritas no estatuto, a seu critério". Esta regra permitiu a flexibilidade necessária para aplicar a abordagem restaurativa no incidente descrito a seguir.

Descobriu-se que dez alunos dessa escola, sendo alguns integrantes do time de basquete e outros do conselho estudantil, tinham violado a regra, bebendo durante uma festa no fim de semana na casa de outro aluno. Após muita deliberação e uma longa e árdua preparação, a escola decidiu fazer um "acordo restaurativo" com cada aluno, que poderia reduzir o tempo de suspensão. Algumas das atividades do acordo eram: participação num círculo restaurativo (veja o próximo capítulo), trabalho comunitário, aconselhamento, atividade física e outras atividades pedagógicas.

Vários meses após a transgressão, 35 alunos, seus pais e membros do corpo docente se reuniram para uma conferência restaurativa a fim de responder a questões como:

- O que você pensou ou sentiu quando soube que pais, administradores e amigos descobriram que vocês ficaram bebendo aquela noite? (Alunos respondem.)
- Como andaram as coisas para você desde aquele dia? (Todos respondem.)
- Quem você acha que foi afetado por suas ações e por quê? (Alunos respondem.)
- O que você pensou ou sentiu quando soube da bebedeira? (Pais, professores e administradores respondem.)
- Há mais alguma coisa que deve acontecer para que você se sinta reintegrado à comunidade e recupere a confiança de seus membros? (Alunos respondem.)
- Gostaria de falar mais alguma coisa? (Pais, professores e administradores respondem.)

Esse círculo durou 3 horas e deu a alunos, pais, administradores e professores tempo para falar mais sobre suas esperanças e temores em relação ao ocorrido. Também deu oportunidade de partilhar aberta e honestamente o significado de reintegrar esses alunos à comunidade escolar. Muitos sentiram este tempo aberto para o diálogo como uma dádiva e desejaram que tivesse ocorrido antes. Outros reconheceram que era preciso trabalhar mais a fim de restabelecer a confiança perdida.

Mas tudo isso só foi possível porque o estatuto da escola abriu espaço para que algo fosse realizado além do que estava prescrito pelas regras. Evidentemente, as escolas precisam de regras para garantir a segurança e o respeito de todos os seus membros, mas as diretrizes podem abrir espaço para outras opções criativas que fomentam a vida e um futuro saudável, como se depreende do exemplo acima. O próximo capítulo examinará algumas dessas opções.

5

DISCIPLINA RESTAURATIVA: MODELOS E APLICAÇÕES

Nos capítulos anteriores discutimos os princípios e valores da Justiça Restaurativa e a importância de criar um ambiente escolar restaurativo e pacificador. Neste capítulo descreveremos modelos e aplicações da disciplina restaurativa para o ambiente escolar. Reconhecemos que por vezes é difícil separar o modelo de sua aplicação, por isso procuramos, sempre que possível, dar exemplos dos modelos em análise.

ABORDAGENS DE TREINAMENTO DA ESCOLA INTEIRA

O programa curricular *Conversation Peace** é uma iniciativa restaurativa presente nas escolas de ensino médio. Desenvolveu-se como esforço cooperativo entre a Fraser Region Community Justice Initiatives Association e uma das escolas públicas da cidade de Langley, na Columbia Britânica. Ambas instituições oferecem treinamento para professores e alunos, ministrando 26 horas de aula (em quatro dias) em todo o município. Primeiramente o programa aborda a filosofia da ação restaurativa, bem como habilidades de comunicação, para logo entrar na capacitação em mediação.[15]

---

* N.T.: o nome do programa remete à expressão do inglês que significa "objeto que suscita conversa", mas também significa "Paz na Conversação".

Reconhecendo a importância de desenvolver programas abrangentes dentro das escolas, o programa de mediação das escolas do Colorado implementou uma abordagem dirigida à escola inteira e que tem seu foco na capacitação. Esta inclui gerenciamento da raiva, prevenção e intervenção nos casos de assédio entre alunos, resolução de conflitos, integração curricular, questões de diversidade e conscientização, classes pacificadoras, mediação entre iguais, disciplina positiva e prática de mediação em Justiça Restaurativa.[16]

REINTEGRAÇÃO DEPOIS DE UMA SUSPENSÃO

A suspensão é uma medida disciplinar comum em muitas escolas, não raro associada a políticas de "tolerância zero". O centro para prevenção de violência escolar de Raleigh, na Carolina do Norte, divulgou os seguintes fatos sobre a suspensão escolar:

- Índices altos de suspensão estão associados a menor aproveitamento em leitura, escrita e matemática.
- Estados com altos índices de suspensão também apresentam altos índices de jovens em regime de privação de liberdade.
- A desigualdade racial dos indivíduos suspensos anda de mãos dadas com a disparidade similar nas detenções de infratores juvenis.[17]

Muitos pais, defensores de jovens e especialistas em educação estão alarmados com as consequências das políticas de tolerância zero. As pesquisas mostram que suspensões e regras duras não tornaram nossas escolas mais seguras, nem as crianças mais comportadas. Excluir a criança da escola parece ser um precursor de sua entrada no sistema penal, já que elas passam a enfrentar o fracasso escolar que, via de regra, leva ao abandono ou expulsão definitiva da escola. Alguns chamam esse trajeto de "linha escola-prisão".

Embora não se possa eliminar de todo a suspensão, algumas escolas já trabalham para garantir que os alunos fiquem ligados através de oportunidades pedagógicas continuadas, ainda que fora do ambiente da classe. Mais adiante veremos como alguns modelos restaurativos estão sendo utilizados para reduzir as suspensões.

No entanto, quando ocorre a suspensão, muitos já reconhecem que é preciso adotar um plano para que, na volta à escola, o aluno suspenso seja reintegrado à sua classe e à comunidade escolar como um todo.

Na escola St. Joseph, em Missouri, um projeto custeado pela verba do programa Desafio para Prevenção de Delinquência do Juizado de Menores foi implementado durante o ano letivo de 2001-2002 através do Missouri Western State College.[18] A subvenção garantiu a presença de um facilitador de Justiça Restaurativa no programa municipal de suspensões para alunos do 5º ao 9º ano. Esse facilitador treina os alunos em conceitos de Justiça Restaurativa durante seus 10 dias de suspensão, na chamada "Sala de Recuperação". Quando os alunos voltam para as atividades normais na escola, realiza-se um círculo restaurativo que reúne o aluno, seus pais, um administrador escolar, um conselheiro, professores e também alunos que possam ter sido vítimas do colega suspenso.

> Pesquisas mostram que as suspensões não tornaram as escolas mais seguras.

A implementação desse programa inclui capacitação em Justiça Restaurativa, não apenas para os alunos do programa, mas também para professores, diretores e administradores escolares. Quando se realiza o círculo, enviam-se cartas aos pais explicando o processo e solicitando sua participação num círculo de Justiça Restaurativa antes que seu filho seja reintegrado à escola após a suspensão.

Todos os participantes do círculo têm um encontro com o facilitador antes da data do círculo, a fim de garantir sua participação voluntária, concordância com as regras básicas do círculo e adesão a elas. Posteriormente, os conselheiros fazem o acompanhamento dos alunos participantes para garantir que os acordos sejam cumpridos.

Os alunos envolvidos nesse primeiro ano do projeto vinham de várias escolas e estavam entre o 7º e o 8º ano. Um total de 76 alunos foram encaminhados ao programa municipal de suspensão e 40 participaram de círculos restaurativos. Desses 40 que retornaram à escola depois da suspensão, o número dos que voltaram a ter mau comportamento e a ser enviados à diretoria diminuiu, como se vê no quadro abaixo:

Motivo de envio à diretoria	Antes da Sala de Recuperação	Depois da Sala de Recuperação
Recusa a participar de atividade de classe	17 (55%)	7 (23%)
Trabalho incompleto	9 (29%)	2 (6%)
Briga	3 (10%)	1 (3%)
Desrespeito a professores e funcionários	22 (71%)	8 (26%)
Xingamento	7 (23%)	2 (6%)
Roubo	2 (6%)	0 (0%)

Média de faltas não justificadas antes da Sala de Recuperação: 2,2
Média de faltas não justificadas depois da Sala de Recuperação: 0,23

Nas pesquisas de acompanhamento, os vice-diretores participaram dos círculos e fizeram os seguintes comentários quando questionados sobre os aspectos favoráveis do processo circular:
- "Chegamos a uma conclusão sobre o incidente que levou à suspensão."
- "Os alunos assumiram suas responsabilidades, fizeram planos para melhora, e todas as partes envolvidas ficaram sabendo qual era o plano."
- "Foi uma oportunidade de encontrar com os pais."
- "Foi uma oportunidade para os alunos se desculparem com professores e colegas."
- "Permitiu aos alunos perceber como os outros foram afetados por suas ações."

Esses administradores também saíram esperançosos de que a Justiça Restaurativa poderá ser usada de outras maneiras nas escolas.

Aos alunos perguntou-se por que eles tinham escolhido o processo do círculo restaurativo:
- "Porque assim pude pedir desculpas a meus professores."
- "Porque isso me ajudou a corrigir as coisas que fiz errado."
- "Para ter certeza de que os professores tinham entendido que eu me arrependi, e que vou realmente me esforçar daqui para a frente."
- "Porque eu sabia que o que tinha feito era errado e queria pedir desculpas."
- "Escolhi o círculo restaurativo porque não queria que as pessoas pensassem que sou uma pessoa que nunca pede desculpas."

Esse projeto da escola St. Joseph, do Missouri, demonstrou que a Justiça Restaurativa pode ser uma abordagem promissora para reintegrar alunos que foram suspensos. No entanto, o ideal seria não precisar impor suspensão aos alunos com tanta frequência. Os modelos abaixo estão sendo utilizados por algumas escolas a fim de criar processos disciplinares e de resolução de problemas capazes de reduzir o número de suspensões.

REUNIÕES DE CLASSE

Recentemente, Lorraine S. Amstutz conversou com um aluno do 5º ano sobre as regras acordadas no início do período letivo. O menino respondeu da seguinte forma: "Eu não me lembro, mas não faz diferença porque a nossa professora nunca segue as regras mesmo".

Lorraine então perguntou: "Será que a classe ajudou a criar essas regras?"

"Na verdade, não", respondeu o menino. "[A professora] escreveu as regras na lousa e perguntou se nós concordávamos, e pronto, foi só isso."

As crianças têm necessidade de pertencer a um grupo, sentir-se aceitas e acreditar que seus pensamentos e opiniões fazem diferença. As reuniões de classe oferecem uma oportunidade para discutir problemas e preocupações que são importantes para elas, ao invés de ter apenas atividades que giram unicamente em torno do currículo escolar. Se uma das metas da educação é ensinar habilidades importantes para a vida – como a comunicação, o saber escutar, o saber participar de modo significativo e a valorização do pensar –, então o tempo empregado para conduzir reuniões de classe é um investimento de essencial importância para a vida dos educandos.

Em seu livro *Positive Discipline in the Classroom* [Disciplina Positiva em Sala de Aula], Nelsen, Lott e Glenn falam sobre os oito elementos fundamentais para criar reuniões de classe produtivas:[19]

> As abordagens restaurativas:
> • reduzem as suspensões;
> • promovem a reintegração.

1. Formar um círculo.
2. Exercitar cumprimentos e manifestações de apreciação.
3. Criar uma pauta.
4. Desenvolver habilidades de comunicação.
5. Enfatizar o aprendizado sobre realidades individuais que podem ser diferentes daquelas vivenciadas pelos outros alunos.
6. Ajudá-los a reconhecer a razão pela qual as pessoas fazem o que fazem.
7. Exercitar estratégias como dramatização e *brainstorming*.*
8. Colocar o foco em soluções não punitivas.

Esses elementos podem ser utilizados para criar uma atmosfera onde cada um sente que sua voz importa, onde os alunos podem aprender segundo suas necessidades, e onde as habilidades necessárias a uma vida saudável são ensinadas e valorizadas. Essa atmosfera oferece a oportunidade de encontrar novas formas de resolver bem os problemas e conflitos que inevitavelmente surgem quando professores e alunos constituem a comunidade de uma classe. Os processos circulares descritos abaixo são uma forma excelente de criar tal atmosfera.

---

* N.T.: literalmente "tempestade mental", palavra do inglês que designa uma situação em que todos contribuem livremente com sugestões as mais variadas para fazer surgir a solução ideal a um problema ou desafio.

CÍRCULOS

Os processos circulares vêm se tornando cada vez mais populares no campo da Justiça Restaurativa. Estão sendo utilizados não apenas no caso de delitos, mas também como forma de diálogo para questões difíceis e resolução de problemas comunitários. Esses processos circulares, que foram inicialmente introduzidos a partir das práticas de comunidades nativas, oferecem um método inclusivo que abraça não apenas aqueles que estão em conflito ou sofreram o impacto da transgressão, mas também outros membros relevantes da comunidade.

> Os círculos oferecem um processo ordenado e reflexivo que reforça valores positivos.

Vários tipos de círculos são utilizados no campo da Justiça Restaurativa, sob várias denominações: círculos de construção de paz, círculos de cura, círculos de diálogo etc.[20]

Descrevendo resumidamente: as cadeiras são dispostas em círculo para que o processo circular aconteça. Um ou dois facilitadores, às vezes chamados guardiões, conduzem a reunião. O bastão de fala (que pode ser qualquer objeto inspirador) passa de mão em mão, em geral no sentido horário, e somente quem o segura nas mãos tem autorização para falar. As pessoas podem passar adiante o bastão de fala sem falar se quiserem, e somente uma pessoa por vez pode falar.

Depois dos comentários iniciais e apresentação do tema, segue-se uma discussão sobre os valores que sustentam o trabalho do círculo. Então, o facilitador coloca uma pergunta ou tema, e o bastão de fala começa a circular. O processo em geral inclui várias voltas do bastão. Como apenas uma pessoa fala de cada vez, e na ordem estabelecida, todos têm oportunidade de refletir sobre o que os outros disseram e o que eles mesmos vão falar: os círculos são um processo ordenado e reflexivo que reforça os valores fundamentais da Justiça Restaurativa e das escolas pacificadoras. Alguns elementos-chave dos processos circulares estão resumidos abaixo:

ELEMENTOS-CHAVE DOS PROCESSOS CIRCULARES

O uso dos círculos tem por premissa:
- Todos querem estar ligados aos outros de modo positivo.
- Todos são membros valiosos da comunidade e têm direito às suas crenças.
- Todos têm valores centrais que indicam o que significa estar ligado ao outro de modo positivo (muito embora nem sempre seja fácil agir segundo esses valores, principalmente em tempos de conversas difíceis ou conflitos).

Os facilitadores dos círculos:
- Não controlam o círculo, apenas ajudam os participantes a seguir os valores e a manter a integridade do processo.
- Ajudam a manter um espaço claro, aberto, respeitoso e livre. Isto significa saber quando e como interromper, quando abrir e fechar o círculo, quando fazer uma pausa e como lembrar as pessoas que é preciso manter a fidelidade às diretrizes acordadas.
- São participantes do círculo e não observadores.
- Não precisam ser mediadores ou facilitadores de grupo no sentido corrente: não se trata de uma posição de poder, mas de uma responsabilidade diante dos outros de zelar pelos valores do círculo.

O bastão de fala:
- É um objeto focal aceito e usado pelo grupo. Em geral trata-se de algo que tenha um significado especial para o grupo.
- Proporciona oportunidade de escutar e refletir antes de falar, já que todos devem esperar a sua vez para se manifestarem no momento em que recebem o bastão de fala. Assim, os participantes tendem a prestar mais atenção ao que as pessoas estão dizendo em vez de preparar uma resposta imediata.
- Evita altercação entre duas pessoas, já que todos devem esperar sua vez para falar.
- Estimula a responsabilidade partilhada durante a discussão.
- Reforça a igualdade no círculo, já que proporciona igual oportunidade a todos os participantes.
- Abre maior espaço para aqueles que em geral ficam em silêncio, já que não precisam mais competir por espaço com aqueles que são mais extrovertidos.

Diretrizes para o uso do bastão de fala:
- Seja respeitoso, mesmo quando manifestando discordância.
- Fale apenas quando estiver com o bastão de fala na mão.
- Seja honesto e fale como indivíduo (não como porta-voz de um grupo).
- Fale com moderação para que todos tenham oportunidade de falar.
- Você pode passar o bastão adiante sem falar, se quiser.
- Respeite a confidencialidade definida pelo grupo – aquilo que é partilhado no círculo fica no círculo.
- Não há certo e errado no círculo.

Os processos circulares podem ser usados de muitas maneiras. Em Boston, por exemplo, estão sendo usados para reduzir as tensões e a violência entre as gangues no centro urbano.[21] Os círculos que incluíram líderes comunitários e de gangues, e também policiais e autoridades municipais, permitiram que essas pessoas começassem a se entender e a reduzir o nível de violência. Em Barron County, Wisconsin, os professores da escola primária estão usando os processos circulares dentro da classe para conduzir reuniões em torno de vários assuntos.[22] Abaixo se seguem algumas aplicações para os círculos.

Círculos para iniciar o dia

Conduzir um círculo no começo de cada dia é uma prática que pode ajudar a desenvolver uma visão comum de orientações, expectativas e valores. Os círculos podem ser utilizados também para tratar de tensões ou problemas que tenham surgido no dia anterior. Um processo circular diário oferece oportunidade de a comunidade se atualizar quanto a questões como:

- As pessoas dormiram bem?
- O que está acontecendo na sua vida nesse momento?
- Quais as suas ideias e reflexões sobre as tarefas do dia?
- Esclarecer detalhes e expectativas em relação ao cronograma do dia.

Círculos para qualquer hora

Os círculos podem ser usados em qualquer momento quando surgirem tensões ou problemas, ou quando for preciso discutir algo. Eles constituem um fórum para a resolução de problemas que ensina valores como honestidade, responsabilidade e compaixão. As aplicações possíveis são:

- Lidar com questões de comportamento como provocações, furto, brigas, ameaças e problemas no recreio.
- Partilha: exposição de um trabalho, aniversários.
- Criação conjunta, escrita em grupo, decisões quanto à destinação da poupança da classe, projetos da classe.
- Discussões de artigos de jornal, de eventos atuais, de livros, de tópicos controvertidos.
- Diversão ou atividades conjuntas como contar piadas ou histórias.
- Envolver os alunos em tópicos de discussão escolhidos por eles.

Círculos para o fim do dia

Os círculos muitas vezes são realizados no fim do dia para:
- Partilhar aquilo que aconteceu a cada participante naquele dia.
- Tratar de um problema ou conflito que surgiu ao longo do dia.
- Tratar de sentimentos e tensões que surgiram na classe, ou em outros departamentos da escola, ou mesmo eventos que aconteceram fora da escola como, por exemplo, no caso de uma notícia perturbadora.
- Fechar o dia (quando cada participante poderá, por exemplo, usar duas ou três palavras para resumir o dia).

Os círculos também podem ser empregados em todos os níveis educacionais para lidar com incidentes entre amigos (ou ex-amigos), entre professor e alunos, e assim por diante. Abaixo temos o exemplo de um círculo de despedida utilizado num Centro de Aprendizado Alternativo de Harrisonburg, Virgínia.

Rituais e círculos de despedida

Círculos de despedida se tornaram parte da paisagem cultural de um programa de educação alternativa, fruto de parceria da universidade com a escola pública, e cujo propósito é dar apoio a alunos do 8º ano que lutam com os aspectos culturais e sociais da vida escolar na Virgínia. Eles recebem apoio de tutores e mentores escolhidos dentre alunos do ensino superior e de um diretor que implementa medidas de Justiça Restaurativa no contexto do processo pedagógico da comunidade.

Quando um aluno deixa o programa, ao final de cada semestre, ou quando algum tutor encerra seu período de trabalho, os círculos de despedida marcam o período que passaram juntos e estimulam a reflexão e a esperança quanto ao futuro de cada um deles. As estratégias a serem usadas dentro do círculo são escolhidas por alunos ou educadores para atender às necessidades imediatas dos participantes. Alguns desses rituais são repetidos várias vezes durante o ano.

> Os círculos podem ser usados quando surgem tensões.

Um dos rituais favoritos é o plantio de sementes. Uma forma de bolo com terra, uma vasilha com água e um prato com sementes de grama ficam no centro da mesa. Todos são convidados a plantarem e regarem algumas sementes e, ao mesmo tempo, a partilharem as sementes que foram plantadas interiormente através dos relacionamentos celebrados naquele dia, por exemplo: "Você exigiu muito de mim e eu consegui fazer coisas que normalmente não teria feito". Demonstra-se respeito perante as intenções futuras, no momento em que os integrantes descrevem suas esperanças em relação ao que continuará crescendo dentro deles e em seus novos empregos ou desafios ao longo do próximo semestre.

Esses rituais são acompanhados por cartas de despedida, e cada participante faz uma pergunta à pessoa que está indo embora. Presenteia-se esta pessoa com uma foto do grupo ou uma colagem de fotos. Às vezes passa-se uma rosa com um espinho, e cada participante fala da memória de um "espinho" ou dificuldade que levou a um crescimento significativo, ou relata bons momentos passados juntos.

O diretor certa vez liderou uma atividade usando uvas numa tigela e água salgada em outra. Os alunos e tutores mergulhavam os dedos na água salgada, símbolo das lágrimas vertidas durante o trabalho em conjunto, para depois escolherem uma uva para comer, símbolo da doçura da vida. Ao experimentarem um e outro, iam identificando os momentos de lágrimas e de doçura partilhados na convivência.

> O que lembramos mais nitidamente são as primeiras e as últimas coisas.

Na primeira vez que esse ritual foi proposto, os alunos pareciam recalcitrantes, e alguns preferiram não contar uma história "salgada". Ao longo do semestre, revelaram o motivo da resistência: homens não choram. Seguiu-se uma conversa sobre esse estereótipo e, no final do semestre, um dos alunos pediu para que o ritual fosse repetido.

Todas as despedidas terminam com comida, uma oportunidade informal para expressar algo além da troca de presentes costumeira. Os psicólogos nos dizem que nos lembramos melhor das primeiras e das últimas coisas. Estamos plantando uma semente de futuras comunidades quando nos despedimos com alegria e lembranças especiais daqueles que tocaram nossas vidas.

Círculos de funcionários da escola

Nancy Riestenberg, especialista em prevenção, da Secretaria de Educação de Minnesota, nos fala da utilização dos círculos por administradores escolares para as reuniões de trabalho, com o objetivo de tratar de conflitos da equipe e de criar foco antes do início do dia.[23] Dadas as dificuldades que muitas escolas têm enfrentado nos últimos anos, os círculos vêm sendo usados para trabalhar a saúde mental da equipe e para cuidar daquilo que Riestenberg chama de "fatiga da compaixão".

Círculos em escolas de recuperação

Em Minnesota há uma escola de ensino médio chamada PEASE, que recebe adolescentes em tratamento por drogadição. Lá os círculos se tornaram um modo de trabalhar com os muitos desafios e lutas dentro da comunidade escolar. Angela Wilcox, professora da instituição, nos diz:

"Quando um aluno precisava deixar a comunidade por ter usado [drogas], não havia um modo bom de comunicar isso ao resto do corpo discente sem violar a privacidade do aluno que estava saindo (...). O círculo mudou tudo isso. Se um aluno faz escolhas que levam a um convite para que ele deixe a escola – seja por recaída, ou por violar as regras de frequência e trabalho escolar, ou por mau comportamento –, esse aluno tem a opção de participar de um círculo com toda a escola. Nesse círculo o aluno pode falar sobre o assunto, retratar-se, se necessário, e pedir ajuda ou *feedback*. Usando o círculo para tratar desse tipo de situação, todos ficam sabendo o que está acontecendo, e o porquê daquele aluno estar saindo, pois escutam da própria fonte, e podem expressar ali mesmo seu pesar, raiva ou apoio. Basicamente, esses círculos acabam com a fofoca."[24]

CONFERÊNCIAS

Quando se cometem infrações graves, a disciplina restaurativa oferece uma oportunidade para que as vítimas e os infratores se encontrem para conversar. A conferência permite que eles partilhem seus relatos do acontecido, seus sentimentos a respeito, o que é necessário para que as coisas se acertem, e como evitar uma situação semelhante no futuro.

A conferência é um fórum que permite explorar:
- O que aconteceu.
- Como os participantes se sentem a respeito.
- O que precisa ser feito para endireitar a situação.
- Como prevenir situação semelhante no futuro.

Às vezes um processo circular que envolve diversos participantes é adequado; outras vezes o processo fica mais parecido com uma "conferência de grupos familiares", da forma como praticada na Nova Zelândia e alhures.[25] Esta última inclui a presença de figuras de autoridade, que podem legitimamente decidir sobre toda a gama de sanções e sentenças. Mas, na maioria das vezes, o processo acaba se configurando como os encontros entre vítima e ofensor ou como a mediação, e os participantes se limitam às vítimas e aos ofensores, e talvez um ou outro familiar de uma parte e da outra.[26]

Em qualquer desses processos é fundamental que o encontro seja facilitado por alguém capacitado especificamente para esse procedimento. Um facilitador treinado compreende as questões específicas atinentes à condição da vítima e ao comportamento do ofensor, e poderá avaliar adequadamente a melhor forma de aproximar um do outro, oferecendo um ambiente seguro. É importante também que o facilitador seja visto como imparcial. Já se desenvolveram treinamentos específicos para facilitadores de mediação e de conferência vítima-ofensor.

Estas conferências são uma prática de Justiça Restaurativa utilizada em todo o mundo. Mais de 500 programas desse tipo estão em funcionamento nos Estados Unidos, basicamente na área criminal. A maior parte dos casos são encaminhados pelas varas de infância e juventude a um programa comunitário específico para vítima-ofensor. Cada caso é avaliado em termos de sua adequação e dos possíveis participantes, bem como da possibilidade de um encontro presencial.

O caso relatado abaixo ilustra uma conferência comunitária dentro do ambiente escolar.

> O Sr. Stewart era um marinheiro aposentado que resolveu ser motorista de ônibus escolar na sua vizinhança. Ele gostava desse emprego, que exerceu durante 3 anos, o que lhe possibilitou comprar uma perua nova à vista. Um mês depois de comprar a perua, voltou para a escola após sua última viagem e descobriu que os dois lados da perua tinham sido arranhados de fora a fora. Dirigiu-se imediatamente ao escritório para falar com o vice-diretor, Sr. Connor.
>
> O Sr. Connor, por sua vez, já sabia que a pessoa responsável pelo dano provavelmente pertencia a uma das equipes de atletismo, pois estes eram os únicos alunos com permissão para passar por aquele estacionamento específico, todo cercado, a caminho das quadras. Ele chamou os times de hóquei das meninas e dos meninos, os únicos

dois grupos a usarem o campo naquele dia. Três nomes apareceram recorrentemente como suspeitos, mas os três meninos negaram qualquer conhecimento dos fatos. Depois de várias semanas de perguntas e inquirições aos três meninos, finalmente um deles admitiu que os três haviam arranhado a perua com seus tacos de hóquei.

Dois meses depois do incidente, O Sr. Stewart recebeu um telefonema dizendo que os três meninos haviam sido identificados como sendo os perpetradores. Perguntaram a ele se gostaria de se encontrar com os rapazes para falar sobre o ocorrido. Um facilitador foi ao encontro do Sr. Stewart e sua esposa e ouviu sua história: desde o incidente eles viviam com medo de que isto se relacionasse de alguma forma com uma medida disciplinar que o Sr. Stewart impusera alguns meses antes a um aluno briguento dentro do ônibus. Os dois temiam por sua segurança, sem saber se esse aluno acabaria indo até a casa deles para causar maiores danos à sua integridade física ou aos seus bens.

Embora o Sr. Stewart ficasse aliviado ao saber que não conhecia os meninos que causaram o dano, ainda nutria dúvidas, achando que tinham sido "instigados" por outros. Tinha muitas perguntas e estava ansioso para encontrar os rapazes, embora sua esposa se mostrasse temerosa e se recusasse a estar presente.

Os três meninos e seus pais também tiveram uma reunião com o facilitador, reconhecendo que não tinham ideia de quem era o proprietário da perua, e que suas ações tinham sido estúpidas e sem motivação. Eles concordaram em se encontrar com o Sr. Stewart.

> O Sr. Stewart, os três meninos, seus pais, o vice-diretor e o técnico do time se encontraram na escola quatro meses depois do incidente. O Sr. Stewart expressou sua raiva e pesar pelo dano sofrido, e o tormento de não saber o motivo, acrescido do medo de que fosse um ato de vingança.
>
> Os meninos descreveram o que tinha acontecido, dizendo que fora um ato impulsivo e insensato da parte deles, e manifestaram seu arrependimento pelo sofrimento que tinham causado. Os pais agradeceram ao Sr. Stewart por ter concordado em participar da reunião, pediram desculpas pelo fato de os meninos terem inicialmente negado seu envolvimento, e manifestaram preocupação pela saúde da Sra. Stewart desde o incidente.
>
> O técnico do time e o vice-diretor, claramente desapontados com o comportamento inicial de negar a responsabilidade, manifestaram sua aprovação pelo fato de terem finalmente assumido a autoria, se responsabilizado por seus atos, e pago para pintar de novo toda a perua. Ao término da reunião, o Sr. Stewart expressou seu desejo de algum dia levar os meninos para uma competição onde pudesse vê-los jogar.

MEDIAÇÃO PARA CABULADORES

O processo de mediação para alunos que faltam às aulas oferece um ambiente informal no qual pais, alunos e funcionários da escola podem discutir o problema das faltas não justificadas e chegar a algum tipo de solução. Utilizando a natureza não adversarial da mediação, ouvem-se as preocupações e os pontos de vista de todos e, em geral, é possível chegar a um consenso para resolver o problema. Em 1998-99 a West Hills Middle School, situada em West Jordan, Utah, junto com o Poder Judiciário local, criou um programa piloto de mediação para intervenções em casos de faltas injustificadas. O programa foi implementado para evitar que os casos de cabuladores contumazes acabasse caindo nas varas de infância e juventude.

Na data em que este livro foi escrito, o programa já fora estendido a todas as regiões do estado de Utah. Em 2003 foram mediados 276 casos, e mais de 75% dos jovens atendidos pelas sessões de mediação apresentaram melhora na frequência escolar e deixaram de ser encaminhados para as varas de infância e juventude. Desses 276 casos, 100% faziam parte de um programa piloto para alunos do ensino fundamental e, destes, apenas 5% foram encaminhados às varas de infância e juventude.[27]

Por muitas razões esse programa de Utah se parece mais com as "conferências de grupos comunitários" do que com a mediação tradicional. Participam o aluno, os pais do aluno e a equipe da escola (em geral um assistente do diretor, um conselheiro e alguém da administração). Os mediadores do programa são integrantes da comunidade voluntários – recrutados, treinados e supervisionados pelo Poder Judiciário.

A mediação para casos de faltas injustificadas melhora a comunicação entre os pais, a escola e os alunos e oferece um modelo de comunicação baseado no respeito e na honestidade, já que todos, juntos, buscam uma solução para transformar a educação numa experiência positiva. Um dos aspectos mais promissores é que os alunos têm uma participação ativa no processo de tomada de decisão, o que os leva a uma maior apropriação em relação ao resultado do processo, tendo como consequência um legítimo interesse em levar a cabo o acordo alcançado.

Um dos aspectos da mediação, que muitas vezes é considerado um impedimento, é o tempo que ela rouba ao dia escolar – por volta de 90 a 120 minutos. No programa de Utah os benefícios foram considerados mais do que compensadores em relação ao investimento de tempo. As vantagens incluem o tempo economizado por não ter de comparecer a audiências nas varas de infância e juventude, o fortalecimento dos laços comunitários e o desenvolvimento de um relacionamento positivo entre os membros da equipe da escola, o aluno e seus pais, que ficam reunidos em volta da mesma mesa para conversar respeitosamente. A seguir um caso relatado pela escola.

> Quando o caso é levado à mediação, não raro o aluno, os funcionários da escola e os pais estão em atrito. Este relato mostra como as mudanças vão acontecendo ao longo do processo.
>
> Uma aluna vinha faltando às aulas há muitos dias e começava a ser reprovada em certas matérias. A escola telefonara várias vezes para os pais e escrevera cartas à mãe abordando o assunto das faltas. Por fim, o caso foi levado à vara da infância e juventude. A escola e a delegacia de ensino não conheciam o programa para cabuladores, mas o juiz e o oficial de condicional estavam informados e encaminharam o caso para a mediação.
>
> O mediador entrou em contato com a escola, que concordou em participar. A secretária a cargo do registro de presenças explicou que a escola havia tentado trabalhar em conjunto com a mãe sem obter sucesso. A mãe e seu marido tinham escrito cartas acusando a escola e denegrindo a diretora. A equipe da escola pensava que a mãe estava mentindo sobre a doença de sua filha porque um

dos funcionários vira a menina na cidade num dos dias em que ela alegava estar doente.

Conversando com a mãe, o mediador descobriu que ela se sentia atacada pela escola. A mãe explicou que a menina de fato estava doente nos dias de ausência da escola. Ela sentia que o diretor não queria ajudá-la, que a odiava e que a julgava culpada. Estava com raiva e sentia que não conseguiria cooperar com ele.

Durante a mediação a menina começou a chorar quando foi convidada a falar sobre o problema. Sentia medo. O mediador a ajudou a compreender que ela não corria perigo e que todos ali queriam ajudá-la a encontrar uma solução para o problema. Também a secretária encarregada do registro de faltas falou de modo muito positivo, afirmando seu apoio e sua disponibilidade para oferecer ajuda à aluna e sua mãe no sentido de encontrar saídas.

Descobriu-se então que o trabalho do padrasto o mantinha fora do país e que a mãe se sentia sobrecarregada para lidar com o problema. A aluna tinha saudades do padrasto e lutava para se adaptar à rotina do 6º ano. Frequentemente, sentia dores de estômago. A mãe achava que não devia obrigar a filha a ir à escola quando não se sentisse bem. Não sabia o que fazer. Além disso, a mãe não sabia como acessar informações sobre aulas e frequência no site da escola.

A mãe então ficou sabendo que na escola havia pessoas prontas a oferecer apoio e ajuda, pessoas que também tinham filhos e sabiam da importância da comunicação entre a escola e os pais.

Nos passos seguintes da mediação, os participantes elaboraram um plano em que a mãe traria a filha à escola

> todos os dias em que se sentisse bem, e telefonaria para a escola nos dias em que ela não quisesse ir à aula. Mas nos dias em que a menina tivesse dores de estômago, a mãe traria a menina até a escola para conversar com a equipe. Se necessário, a menina seria dispensada da aula por um terapeuta da escola, que concordou em atendê-la regularmente e também em casos extraordinários.
>
> A escola mostrou à mãe como acessar informações sobre aulas e frequência via internet, e estendeu um convite para participar do clube escolar, que oferece atividades de apoio ao estudo e lições de casa, além de atividades sociais.
>
> A mãe concordou em buscar ajuda profissional para a filha caso a terapia na escola não fosse suficiente. A escola se mostrou disposta a oferecer uma lista de recursos comunitários. Juntas, a mãe, a aluna e a escola redigiram um plano por escrito e requereram ao juiz de menores que mantivesse o processo em suspenso por 60 dias para depois reavaliar o caso. O juiz concordou e determinou que o caso seria arquivado se o plano fosse cumprido.
>
> Cinco meses depois, a secretaria da escola enviou um relatório dizendo que a aluna não tinha mais problemas de frequência. A escola formara uma boa relação com a mãe, que agora se sentia à vontade para telefonar sempre que precisasse de ajuda. A ponte havia sido formada.

BULLYING – ASSÉDIO MORAL ESCOLAR

O assédio moral escolar, ou *bullying*, costuma ser a modalidade de violência mais comum nas escolas de hoje. Sabe-se que quase 30% dos adolescentes norte-americanos são autores ou vítimas de assédio, ou ambos.[28]

A maior parte dos incidentes de assédio escolar dura menos de um minuto, e o assédio moral via mensagem de celular ou internet acontece instantaneamente. O assédio moral escolar se identifica por um padrão repetido de agressão intencional, seja física, verbal ou proxêmica. Neste último caso, caracteriza-se pela exclusão através de distância pessoal ou social, prejudicando o relacionamento.

Brenda Morrison escreve em artigo sobre o assunto que "o *bullying* causa um estresse enorme para a criança e sua família e tem efeitos de longo prazo. Ele foi identificado como fator de risco para comportamentos antissociais e criminosos. Os assediadores mostram grande probabilidade de não completar o ensino médio (...) e as vítimas tendem a sofrer mais de estresse, ansiedade, depressão e doenças, com crescente tendência ao suicídio".[29]

A autora prossegue, esboçando uma estrutura baseada em princípios de Justiça Restaurativa, concebida para mudar o comportamento do assediador e, ao mesmo tempo, manter o espaço escolar seguro.

Num relatório de 2003 da organização Fight Crime: Invest in Kids [Combata o Crime: Invista nas Crianças], pode-se constatar as proporções quase epidêmicas do assédio escolar: "Dentre as crianças do sexto até o décimo ano escolar, mais de 3,2 milhões, um em cada seis alunos, é vítima de assédio escolar todos os anos. E 3,7 milhões assediam seus colegas".[30] Esse mesmo relatório descreve três modelos que foram testados e se mostraram ferramentas eficientes na prevenção do assédio escolar.

- O *Programa Olweus de Prevenção ao Assédio Escolar* foi desenvolvido na Noruega por Dan Olweus e conseguiu uma redução de 50% no assédio moral escolar naquele país, bem como uma redução de 20% no teste realizado

na Carolina do Sul, Estados Unidos, que incluiu 39 escolas de seis delegacias de ensino.
- O programa *LIFT – Linking the Interests of Families and Teachers* [Ligando os Interesses de Famílias e Professores] – mostrou que se obtêm resultados de longo prazo através de uma programa antiagressão de 10 semanas.
- O programa *Incredible Years* [Anos Incríveis] foi concebido para crianças de 2 a 8 anos com comportamento muito agressivo. O programa consegue romper o ciclo de agressão ensinando habilidades de resolução de problemas para pais e filhos.

A disciplina restaurativa mobiliza uma estrutura sem culpabilização para dar suporte a escolas que querem ficar livres do assédio escolar. A abordagem que busca uma educação "para e pela comunidade" tem por foco as condições que fomentam o respeito e desestimulam o assédio escolar entre os membros da comunidade, e não apenas entre alunos. Professores e administradores escolares também assediam, e esta hipocrisia dos programas de prevenção de assédio escolar dirigidos exclusivamente aos alunos pode desestimular a adesão dos educandos.

As escolas pacificadoras desestimulam o assédio moral escolar criando um ambiente de cuidado e afeto mútuo. Processos circulares para educadores, funcionários e alunos promovem a justiça e constroem os relacionamentos solidários tão necessários a uma escola segura. Em círculos periódicos ou matinais, as pessoas envolvidas na educação das crianças se conscientizam do assédio moral que está acontecendo à sua volta, partilham suas experiências de terem sido autores e vítimas de assédio, aprendem comunicação não violenta, criam diretrizes para uma comunidade segura e oferecem apoio mútuo através de formas mais saudáveis de pensar e agir.

Quando o assédio escolar acontece, segue-se a recuperação e a reintegração de todas as partes envolvidas. Por vezes se realizam conferências ou círculos comunitários restaurativos a fim de envolver todas as pessoas afetadas pelo assédio moral escolar. É uma ocasião para que todos ouçam o que aconteceu e planejem como será promovida a responsabilização e reintegração. Contudo, as pessoas que sofreram as consequências negativas do assédio escolar talvez não queiram estar frente à frente com seu agressor num contexto grupal, temendo outras agressões. Nesses casos, pode não ser aconselhável um encontro pessoal, e a abordagem sugerida abaixo, em que cada aluno é acompanhado de um adulto, talvez ofereça um fórum restaurativo mais adequado.

> A disciplina restaurativa mobiliza uma estrutura sem culpabilização para dar suporte a escolas que querem ficar livres do assédio escolar.

Os processos restaurativos para vítimas ou autores de assédio escolar podem incluir os seguintes elementos:

- Um encontro inicial com a pessoa que sofreu o assédio moral para ouvir seu relato, criar um plano de segurança e estabelecer o que ela precisa para sentir que foi feita justiça – organizando-se tais itens na forma de um acordo, se cabível.
- Um encontro com o perpetrador a fim de ouvir a sua versão dos fatos, entender sua motivação ao assediar moralmente o colega, explicar o dano que causou, estimular a reflexão, a tomada de responsabilidade, sugerir

comportamentos novos, mais saudáveis e promotores de vida para o presente e o futuro e desenvolver um plano para concertar a situação, usando o formato de um acordo, se cabível.
- Encontros de monitoramento com as duas partes para ter certeza de que o acordo está sendo cumprido.
- Análise das variáveis do ambiente que possam ter contribuído para o incidente. Tais incidentes se manifestam em determinados contextos, dentro de certos grupos de alunos, em locais específicos, ou mesmo em determinado horário? Que variáveis contextuais ou sistêmicas fomentam, disparam ou premiam comportamentos violentos? Tais descobertas deveriam ser compartilhadas com o comitê ou equipe competente.

Perguntas e comentários que ajudam os autores de assédio escolar a mudar são os seguintes, entre muitos outros:
- O que você fez?
- O que você queria que acontecesse quando fez isso?
- Ponha-se no lugar de (nome da pessoa assediada). Como você acha que ele/ela se sentiu quando isso aconteceu?
- Tente se lembrar de uma situação em que alguém o agrediu. O que aconteceu? O que você sentiu?
- Todo o mundo comete erros e machuca os outros. O importante é aprender com nossos erros. Você quer ser alguém que corrige seus próprios erros? Como você poderia endireitar as coisas?
- O que você acha que (nome da pessoa assediada) precisa para se sentir melhor? Existe alguma outra coisa boa que você poderia fazer?
- Você decidiu corrigir a situação fazendo (listar os itens do acordo). Como você vai fazer isso? Quando você vai fazer isso?

- Vamos simular para encontrar a melhor forma. O que você vai falar/fazer primeiro?
- Talvez você sinta vontade de assediar alguém no futuro. O que você fará em vez de agredir seu colega? Você consegue se lembrar de alguma vez que quis fazer isso mas decidiu não fazer? O que você pensou? Conseguiria fazer a mesma coisa no futuro?

No relatório sobre assédio escolar dos Serviços de Policiamento Orientados para a Comunidade, do Ministério da Justiça Norte-Americano (COPS), lê-se que deveria ser adotada a abordagem "da escola inteira" defendida pelo Olweus Bullying Prevention Program [Programa Olweus de Prevenção ao Assédio Escolar].[31] Tal abordagem envolve a escola toda, treina *todos* os funcionários, gera reações consistentes por parte de todos os adultos diante de um episódio de assédio e adota regras antiassédio que valem para a escola inteira. Uma abordagem holística dessa natureza tem muito mais chances de ser eficaz do que os programas que tratam de apenas um ou dois aspectos.

> Uma abordagem holística dessa natureza tem muito mais chances de ser eficaz do que programas que tratam de apenas um ou dois aspectos.

Esta ênfase nas abordagens que envolvem a escola inteira é vital para a filosofia da disciplina restaurativa. A prevenção do assédio escolar é um bom exemplo de como um programa pode ser contraproducente quando implementado como tentativa bem intencionada, porém, isolada. O relatório do COPS citado acima também desaconselha práticas como as que seguem:

- *Mediação pelos pares.* Como alerta Sue Limber, da Universidade Clemson: "O assédio é praticado por crianças poderosas contra crianças com menos poder".[32] Portanto, argumenta Limber, a abordagem da mediação pelos pares pode levar a uma maior vitimização da criança sem poder, pois presume equivocadamente que ela conseguirá, sem a intervenção de um adulto, evitar a continuação do assédio.
- *Regras de tolerância zero.* O relatório COPS afirma que a abordagem da tolerância zero "pode resultar em um número alto de suspensões sem que o agressor compreenda por que e como o comportamento deve mudar. Não resolve o problema do assédio escolar, já que o aluno suspenso ou expulso acaba passando mais tempo livre em casa ou na comunidade.
- Simplesmente aconselhar a vítima a ignorar ou "revidar" a agressão. Tal abordagem pode ser improdutiva ou mesmo perigosa sem a devida intervenção de um adulto que previna o assédio escolar.

Estes são apenas alguns modelos de aplicação da Justiça Restaurativa no contexto escolar. As possibilidades são ilimitadas e dependem apenas da nossa criatividade.

6

IDEIAS PARA OS PRÓXIMOS PASSOS

Algumas escolas vêm levando muito a sério a ideia de usar abordagens restaurativas. Os exemplos abaixo sugerem algumas possibilidades.

ABORDAGENS PARA A ESCOLA INTEIRA

Na cidade de Barron County, em Wisconsin, seis delegacias de ensino regionais implementaram uma abordagem restaurativa para escolas inteiras. Comprometeram-se em oferecer capacitação em Justiça Restaurativa para todos os administradores escolares, professores e funcionários a fim de conseguir que as práticas de disciplina restaurativa pudessem ser absorvidas e postas em prática em todas as classes, corredores, parquinhos, pátios e atividades extracurriculares. As delegacias de ensino regionais fizeram parcerias com o Programa de Justiça Restaurativa de Barron County, trazendo profissionais de Justiça Restaurativa para as escolas, onde eles treinam os funcionários e realizam as conferências ou círculos quando a equipe da escola não tem tempo para preparar e facilitar essas iniciativas.

Quando Lorraine Amstutz visitou Barron County, foi convidada a participar de um círculo numa escola de ensino médio durante o intervalo da capacitação que ministrava para as professores. O terapeuta da escola chamou a diretora do programa e perguntou se ela estaria disposta a conduzir um círculo que fora solicitado por seis alunas, amigas em conflito. Reunimo-nos por uma hora, e as meninas evidentemente conheciam a função do círculo e pareciam satisfeitas por ter um facilitador presente para orientar as perguntas e a discussão.

Depois do círculo, que aparentemente atendeu a todas as expectativas das alunas, Lorraine perguntou a elas como sabiam que era possível pedir um círculo. Uma das meninas respondeu que "nós sabemos que às vezes simplesmente é preciso pedir ajuda para resolver os problemas e esse é o melhor modo". Ao insistir em saber como tinham tido conhecimento dos processos em círculo, elas responderam: "Ah, nós fazemos isso desde o terceiro ano".

> O mau comportamento é fundamentalmente uma ofensa contra os relacionamentos humanos.

Depois da capacitação inicial em filosofia da Justiça Restaurativa para a equipe da escola, segue-se o treinamento para professores sobre as várias práticas de disciplina restaurativa, como círculos e conferências. Outra parte da habilitação é o programa de "comunidades de aprendizagem". Basicamente, ele oferece aos professores oportunidade de participar de pequenos grupos que se encontram antes ou depois da aula, ou na hora do almoço, para estudar e discutir algum aspecto da disciplina restaurativa dentro do seu ambiente escolar. Os professores registram as horas que passaram estudando juntos, que são recompensadas com as verbas do programa, como remuneração pelo tempo investido em prol de aprofundar sua compreensão sobre as questões da escola.

Os "seminários pós-aula" também são uma oportunidade para que diferentes escolas da mesma região se encontrem para partilhar suas experiências e aprofundar conhecimentos. Esses seminários incluem elementos pedagógicos e também participação comunitária.

Por fim, o plano de implementação inclui jantares comunitários para informar e instruir os pais e a comunidade. É o momento certo para oferecer informações sobre a filosofia da Justiça Restaurativa, discutir as abordagens restaurativas que estão sendo implementadas em todas as escolas da região e conseguir o apoio dos membros da comunidade local.

Em Oshkosh, Wisconsin, a Secretaria Regional de Educação está no primeiro ano de um patrocínio de dois anos concedido pela Secretaria Estadual para introduzir os Círculos de Justiça Restaurativa nas escolas. Ali eles vêm usando os círculos para resolver problemas de faltas injustificadas, conflitos, vandalismo, assédio escolar e também como alternativa para as medidas disciplinares tradicionais.

Esta verba também permite que a equipe da escola aprenda e implemente práticas restaurativas em suas classes e escolas através de uma iniciativa chamada *Project Restore* [Projeto Restaurar]. O treinamento é oferecido a funcionários, alunos e pais em escolas piloto, e inclui capacitação em fundamentos da Justiça Restaurativa e facilitação de círculos.[33]

A DISCIPLINA QUE RESTAURA

Roxanne Claassen é professora do oitavo ano na Raisin City School, que fica em Raisin City, na Califórnia. Junto com seu marido, Ron Claassen, ela desenvolveu modelos de pacificação que utiliza em sala de aula todos os dias, e a partir dessa experiência surgiu um curso chamado "Endireitando as Coisas", que a escola de ensino fundamental de Raisin

City adotou há cerca de 10 anos.³⁴ Os princípios alinhados nesse compêndio promoveram um ambiente escolar bem mais pacífico. Num artigo chamado "From Principles to Practice" [Dos princípios à prática], Roxanne afirma:

> Alguns, senão a maioria dos problemas que os alunos têm entre si, não são problemas causados pela escola, mas questões de relacionamento. Judy e Lisa foram sempre boas amigas. Quando as duas se interessaram pelo mesmo menino, surgiu o conflito. Judy não via Lisa como amiga, mas como ameaça ao seu relacionamento com Joshua. Lisa e Joshua estavam na mesma classe e, portanto, ficavam sempre juntos no mesmo ambiente. Apesar de Joshua estar evidentemente interessado em namorar Judy, também mantinha uma amizade com sua colega Lisa.
> Quando surgiu o conflito, nenhum deles sabia como fazer para lidar com a situação. Começaram a se xingar e a se perseguir dentro da escola. Por fim, Lisa começou a telefonar para a casa de Judy e brigar.
> A escola não sabia de nada até que a mãe de Judy veio falar com alguém que achou que podia ajudar a resolver o problema. Por sorte, a escola tinha um programa de disciplina restaurativa já em funcionamento. Como eu sou a mediadora e coordenadora, fui designada para entrar em contato com as meninas e suas mães a fim de marcar um encontro em que pudéssemos ventilar os problemas, discuti-los e resolver a questão. Este é o primeiro princípio da disciplina que restaura: 'O mau comportamento é visto basicamente como ofensa contra os relacionamentos humanos, e depois como violação das regras da escola (já que estas são escritas para manter a segurança e a justiça dos relacionamentos humanos)'.³⁵

Roxanne prossegue relatando que os alunos do ensino fundamental de Raisin City perfazem 33% a 45% dos graduados com louvor naquela região. Embora não saiba o que acontece aos alunos depois de saírem dessa estrutura de disciplina restaurativa, acredita que eles levem consigo ferramentas relacionais que lhes serão úteis por toda a vida.

MEDIDAS RESTAURATIVAS

Em seu artigo "Auxiliares, administradores e todos os professores de que se puder dispor: um guia de treinamento restaurativo para as escolas" Nancy Riestenberg descreve a implementação da Justiça Restaurativa nas escolas de Minnesota, iniciada perante a preocupação com os resultados da instauração de políticas de tolerância zero, que levaram a um aumento considerável nas suspensões e expulsões.[36]

As maiores verbas foram concedidas a quatro regiões e destinadas à implementação de Intervenções Comportamentais Intraescolares e Treinamento em Escolas Restaurativas para toda a Equipe da Escola, implementando e avaliando políticas restaurativas por um período de três anos (1998-2001). Foram contratados planejadores de Justiça Restaurativa a fim de capacitar administradores de Processos Circulares para Reparação de Ofensas. A equipe das escolas também recebeu treinamento em gerenciamento de sala de aula e/ou processos circulares, bem como advocacia estudantil para problemas sociais, emocionais e acadêmicos.

Riestenberg relata três resultados colhidos a partir da primeira leva de programas e avaliações:
- As práticas restaurativas como os círculos para reparação de danos se tornaram alternativas viáveis às suspensões.

- Filosofia e procedimentos restaurativos tiveram aplicação prática no gerenciamento da sala de aula e no ensino.
- O pessoal contratado com as verbas do programa inevitavelmente vai embora da escola quando acaba a verba.

Quando a verba do programa terminou, as escolas enfrentaram grande dificuldade para manter os planejadores de Justiça Restaurativa com seus orçamentos, o que levou a um uso inconsistente das práticas restaurativas. Assim, uma segunda verba foi concedida especificamente para capacitação de equipes das escolas (administradores, funcionários e professores) a fim de que passassem a utilizar as práticas restaurativas como parte integrante de suas funções. Até o momento mais de 700 pessoas foram habilitadas, gerando resultados significativos e desenvolvimentos que servem de encorajamento para todo o estado.[37]

Pesquisas sobre o bom desenvolvimento dos jovens indicam que, no tocante à saúde dos alunos, o ambiente de aprendizado é tão importante quanto as intervenções individuais. Ao capacitar auxiliares e professores para o uso de gerenciamento comportamental de resolução de problemas, filosofia restaurativa e práticas restaurativas, os alunos acabam recebendo o apoio de que tanto precisam e, ao mesmo tempo, assumem responsabilidade pela reparação dos males que tenham causado. O ganho a longo prazo é enorme quando se capacita toda a equipe da escola. Se um adulto treinado já faz a diferença, o que dizer quando todos os adultos trabalham em sintonia?

CIDADANIA EM AÇÃO

Belinda Hopkins, autora de *Just Schools: A Whole School Approach to Restorative Justice* [Escolas justas: uma abordagem de Justiça Restaurativa para a escola inteira], descreve iniciativas no Reino Unido que levaram os princípios e valores da Justiça Restaurativa para dentro das escolas.[38] Ela afirma que "em alguns casos o ponto inicial para o interesse da escola foi a preocupação de que algumas delas estavam iniciando mediação ou encontros entre vítima e ofensor sem perceber a necessidade de um ambiente propício à restauração, à reabilitação e à reintegração".[39]

Sua preocupação é a de que, embora aqueles recursos criem oportunidades de escuta, reconhecimento do dano cometido e, muitas vezes, um pedido de desculpas, a comunidade mais ampla fica de fora do processo de reparação que está em andamento. A autora conclui que um ambiente verdadeiramente restaurativo, que de fato coloque os relacionamentos no centro de tudo, deve trabalhar tanto no nível da restauração como no da prevenção.

UM DESAFIO

No início deste livro falamos da criação do espírito comunitário e de sua importância para o crescimento e o aprendizado. Sabemos também que viver em comunidade é um trabalho árduo. É o que relata Parker Palmer, que depois de viver em comunidade por um ano afirmou: "Comunidade é aquele lugar onde sempre vive a pessoa com quem você menos gostaria de viver". E, depois de dois anos vivendo em comunidade, disse: "Quando aquela pessoa vai embora, imediatamente surge alguém para ocupar o seu lugar".[40]

Este é um elemento da convivência com os outros. Visão distinta é a de Dewitt Jones que, em seu vídeo *Celebrate what's right with the world* [Celebrar o que está certo no mundo] afirma: "Comecei na vida adotando a máxima, que muitos adotam, de que 'só acredito vendo'. Porém, quanto mais trabalhei para a (*National*) *Geographic*, mais fui percebendo que era ao contrário. A coisa funciona da seguinte forma: 'não verei enquanto não acreditar'. É assim que o mundo funciona."[41]

É importante reconhecer que convivemos constantemente com aquilo que vemos e com aquilo em que acreditamos, e tudo flui num *continuum* junto com a nossa vida. O mesmo acontece com a Justiça Restaurativa nas escolas. A ideia de trabalhar com uma abordagem da escola inteira, incluindo conscientização, pedagogia, mudanças estruturais e criação de cultura ética, talvez pareça uma tarefa grande demais para o educador.

> Comece com o que você já faz, e passe a fazer isso melhor.

Pode ser interessante começar a avaliar quais são os elementos restaurativos que já estão sendo utilizados. "Comece com o que você já faz, e passe a fazer isso melhor" deveria ser o mantra do educador. Comece com a crença de que quando celebramos o que está certo, teremos a energia, criatividade e inspiração para trabalhar e mudar o que está errado.

NOTAS

1. Berkeley: University of California Press, 1984, p. 193.
2. Contribuição de Connie Doyle do Barron County Restorative Justice Program, de Barron County, Wisconsin, Estados Unidos.
3. Contribuição de Judy H. Mullet, uma das coautoras.
4. Jane Nelsen, Lynn Lott e H. Stephen Glenn. *Positive Discipline in the Classroon: Developing Mutual Respect, Cooperation, and Responsibility in Your Classrooms.* 3ª edição, Roseville, California: Prima Publishing, 2000, p. 120.
5. Alfie Cohn. *Beyond Discipline: From Compliance to Community.* Alexandria, Virginia: Association for Supervision and Curriculum Development, 1996. E também John J. Wheeler e David Dean Richey. *Behavior Management: Principles and Practices of Positive Behavior Supports.* Upper Saddle River, New Jersey: Pearson Education, Inc., 2004.
6. Para mais informações sobre este modelo neozelandês, ver Allan MacRae e Howard Zehr, *Conferências de Grupos Familiares: Modelo da Nova Zelândia.* São Paulo: Palas Athena Editora, 2020.
7. Howard Zehr, *Justiça Restaurativa.* São Paulo: Palas Athena Editora, 2012, p. 33; Edição ampliada, 2015, p. 37.

8. *Emotional Intelligence: Why It Matters More Than IQ.* New York: Bantam Books, 1995.
9. Para um programa-modelo do ensino de resolução de conflitos, ver Richard J. Bodine, Donna K. Crawford e Fred Schrumpf. *Crating the Peaceable School: A Comprehensive Program for Teaching Conflict Resolution.* Champagne, Illinois: Research Press, 1984.
10. Ver David W. Johnson e Roger T. Johnson. *Teaching Students to be Peacemakers.* Edina, Minnesota: Interaction Book Co., 1995.
11. Ver *Positive Discipline in the Classroom*, p. 25.
12. Em *Abba Child*, Colorado Springs: NavPress, 2002.
13. Passeio Ético é um *tour* de 30 a 60 minutos dentro de uma escola, no qual os professores se dividem em grupos, analisam uma determinada área da escola e depois descrevem aspectos afetivos do ambiente físico. Pequenos grupos se concentram em observar uma ou mais dentre as seguintes áreas: salas de aula, sala de mídia, salas de arte, música e desenvolvimento vocacional, áreas comuns, banheiros, ginásio de esportes, salas de armários, refeitório, corredores, paisagismo ou área externa do edifício, campos de atletismo. Esses pequenos grupos anotam aspectos da sua área designada que "conferem vida" ou que "têm o potencial de conferir vida", caso tais potencialidades sejam levadas em conta em futuras melhorias da escola.
14. Para um mapa curricular para escolas de ensino fundamental e médio que delineie uma sequência progressiva de conhecimento e habilidades necessárias à tomada de decisões consensuais, mediação e negociação, pensamento crítico e criativo, comunicação e percepção emocional, habilidades de orientação, ver Richard J. Bodine e Donna K. Crawford, em *The Handbook of Conflict Resolution*

Education: A Guide to Building Quality Programs in Schools. San Francisco: National Institute for Dispute Resolution e Jossey-Bass Publishers, 1998.
15. *Conversation Peace*, escrito por Catherine Bargen e outros, está disponível como manual de capacitação e livro de exercícios para participantes. Ele pode ser solicitado através do Langley School District # 35, www.sd35.bc.ca ou em www.cjibc.org.
16. Para mais informações sobre o programa, treinamentos e recursos disponíveis através do Colorado Schools Mediation Program, é possível visitar o site www.csmp.org.
17. Ver www.ncdjjdp.org/cpsv.html.
18. Ver Katz e Gardner. Todos os resultados citados constam nesse estudo.
19. Segunda edição, p. 42.
20. Para uma explicação mais completa sobre os processos circulares, ver Kay Pranis, Barry Stuart e Mark Wedge, *Peacemaking Circles: From Crime to Community*. St. Paul, Minnesota: Living Justice Press, 2003, e Kay Pranis, *Processos Circulares*. São Paulo: Palas Athena Editora, 2010.
21. Ver Carolyn Boyes-Watson. "What Are the Implications of the Growing State Involvement in Restorative Justice?", em *Critical Issues in Restorative Justice*, editado por Howard Zehr e Barb Toews. Monsey, New York: Criminal Justice Press, 2004, p. 215-226.
22. www.bcrjp.org.
23. O Departamento de Educação de Minnesota está envolvido com o trabalho de Justiça Restaurativa há alguns anos. Seu ótimo material sobre medidas restaurativas *Respecting Everyone's Ability to Resolve Problems* encontra-se em http://education.state.mn.us/content/064280.pdf.

24. Este trecho está disponível em artigo intitulado "PEASE Academy", escrito por Angela Wilcox, professora de Literatura e Direitos Humanos na mesma academia. É possível acessá-lo no site do Departamento de Educação de Minnesota citado na nota 23.
25. Ver MacRae e Zehr, *Conferências de Grupos Familiares: Modelo da Nova Zelândia*. São Paulo: Palas Athena Editora, 2020. A organização Real Justice vem capacitando escolas para usar um formato modificado dessas conferências. Para mais informações, ver www.realjustice.org.
26. Tais modelos são descritos sucintamente em *Justiça Restaurativa*, de Howard Zehr. São Paulo: Palas Athena Editora, 2012.
27. Informações e estatísticas foram fornecidas via email às autoras por Kathy Elton, diretora do Utah Court Administrator's Office em 2005.

28. Ver "Facts for Teens: Bullying", National Youth Violence Prevention Resource Center, Rockville, Maryland, em http://www.ncdsv.org/images/NYVPRC_FactsForTeensBullying.pdf
29. Ver seu artigo de 2002: "Bullying and Victimisation in Schools: A Restorative Justice Approach", disponível em www.restorativejustice.org.
30. O relatório está disponível sem custo no website do Fight Crime: Invest in Kids. www.fightcrime.org.
31. O relatório escrito por Rana Sampson está disponível em www.cops.usdoj.gov.
32. Ibid., p. 23-24.
33. Para mais informações, visite o website do Oshkosh Area School District: www.oshkosh.k12.wi.us.
34. O currículo contém 32 atividades para ensinar habilidades

de resolução de conflito e mediação. Distribuído pelo Center for Peacemaking and Conflict Studies, Fresno Pacific University, Fresno, California. Mais informação pode ser encontrada em www.disciplinethatrestores.org.
35. Em *Conciliation Quarterly* 19 (Primavera 2000). Disponível no Mennonite Conciliation Services, MCC U.S. em Akron, Pennsylvania. www.mcc.org.
36. Em *VOMA Connections* nº 13 (Inverno 2003). Esta revista da Victim Offender Mediation Association está disponível em www.voma.org.
37. Para maiores informações sobre as iniciativas restaurativas das escolas de Minnesota, entre em contato com Nancy Riestenberg, especialista em prevenção do Minnesota Department of Education, por telefone em 651.582.8433 ou por email: nancy.riestenberg@state.mn.us.
38. London: Jessica Kingsley Publishers, 2005.
39. Ver: "Citizens in Action: Restorative Justice in Schools". Disponível em www.transformingconflict.org.
40. Ver: "Change Community, Conflict, and Ways of Knowing to Deepen our Educational Agenda", disponível em www.mcli.dist.maricopa.edu/fsd/afc99/articles/changel.html.
41. Este vídeo/manual de treinamento está disponível na Star Thrower Distribution Corp., St. Paul, Minnesota, ou em www.starthrower.com.

REFERÊNCIAS BIBLIOGRÁFICAS

Bodine, R. J. e Crawford, D. K. *The Handbook of Conflict Resolution Education: A Guide to Building Quality Programs in Schools*. San Francisco: Jossey-Bass Publishers, 1998.

Claassen, Ron and Roxanne. *Making Things Right*. Fresno, California: Center for Peace-making and Conflict Studies, 1998.

Comfort, R. "Evaluating Restorative Justice for Schools", *The Leader*. Consultado em 12/01/2004 em http://education.umn.edu/EdPA/licensure/leader/2004Spring/Justice.html.

Daltan, J. e Watson, M. *Among Friends: Classrooms Where Caring and Learning Prevail*. Oakland, California: Developmental Studies Center, 1997.

Hopkins, B. *Just Schools: A Whole School Approach to Restorative Justice*. London: Jessica Kingsley Publishers, 2004.

Jonas, T. S. e Compton, R. *Kids Working It Out*. San Francisco: Jossey-Bass; The Association for Conflict Resolution, 2003.

Katz, J. M. D. e Gardner, C. "Restorative Justice: Circle Group Conferencing in the St. Joseph, Missouri Schools, 2002". St. Joseph, Missouri: Missouri Western State College, 2002.

Kriete, R. *The Morning Meeting Book*. Greenfield, Massachusetts: Northeast Foundation for Children, 2002.

Lipchitz, L. *Restorative Justice in School Settings*. Consultado em 15/01/2004 em http://www.iapeace.org/rj%20schools%20article.htm.

Mirsky, L. "Safer Saner Schools: Transforming School Culture with Restorative Practices", 20/05/2003. Disponível em http://www.restorativepractices.org.

North Carolina Department of Juvenile Justice and Delinquency Prevention – Center for Prevention of School Violence, 2003. www.cpsv.org.

O'Connell, T., Wachtel, B. e Wachtel T. *Conferencing Handbook: The New Real Justice Training Manual*. Pipersville, PA The Piper's Press, 1999.

Pranis, K. *Processos Circulares*. São Paulo: Palas Athena Editora, 2010.

Statement of Restorative Justice Principles as Applied in a School Setting. London: The Restorative Justice Consortium, 2003. www.restorativejustice.org.uk.

Zehr, H. *Justiça Restaurativa*. São Paulo: Palas Athena Editora, 2012.

OBRAS DA PALAS ATHENA EDITORA
COMPLEMENTARES À TEMÁTICA ABORDADA NESTE LIVRO

Diálogo: comunicação e redes de convivência

Expoente da física e filosofia da ciência do século 20, o autor americano **David Bohm** tem seu interesse focado nas ciências cognitivas e relações humanas. Para ele, diálogo significa mais que o simples pingue-pongue de opiniões, argumentos e pontos de vista que habitualmente ocorrem entre dois ou mais interlocutores. O autor parte de uma premissa de suspensão temporária de todos os pressupostos, teorias e opiniões arraigadas em relação aos assuntos em pauta para observar o que emerge de novo no fluxo da conversação. O propósito de seu método é investigar o pensamento, não só depois de estruturado, mas também como o pensamento se forma, como são seus mecanismos e a sua dinâmica.

Transcender e transformar

Este manual prático nos oferece um método para transcender e transformar conflitos – desde os pessoais e domésticos, até as dissensões internacionais por motivos econômicos e religiosos, passando por confrontos que se originam em questões de etnia, classe e gênero. Revela a interligação entre o conflito, a cultura profunda e os estratos sociais; mostra que uma grande variedade de soluções está disponível para nós – se estivermos dispostos a explorá-las com empatia, criatividade e não violência. É uma obra valiosa para todos os que lidam diariamente com conflitos. O autor, **Johan Galtung,** é um dos fundadores dos estudos modernos sobre a paz; atua como professor de Estudos para a Paz e Teoria dos Conflitos em várias universidades, inclusive na Universidade Europeia da Paz. Fundou e preside a Transcend, e atua como mediador internacional.

O princípio da não violência

Este panorama filosófico sintetiza o que pensadores ao longo da história humana disseram e defenderam sobre a não violência, descrevendo com lucidez as críticas contra e os argumentos a favor. Indo de Platão a Simone e Eric Weil, de Confúcio a Maquiavel e aprofundando-se nas ações de Mohandas Gandhi, o autor esclarece conceitos tradicionalmente nebulosos e aponta as razões filosóficas para recusar a ideologia da violência necessária, legítima e honrosa. O princípio de não violência implica a exigência de procurar formas não violentas de agir com eficácia contra a violência. O autor, **Jean-Marie Muller,** é filósofo e diretor do Instituto Francês de Pesquisas sobre a Resolução Não Violenta de Conflitos (IRNC), que desde 1987 participa das reuniões da Secretaria Geral de Defesa Nacional do governo francês e atua em missões de paz no Canadá, Colômbia, Costa do Marfim, Costa Rica, Índia, Líbano, Nicarágua, Polônia, República do Tchad e Rússia. É professor convidado na Universidade para a Paz da Costa Rica e no Instituto de Estudos Políticos da Universidade de Lyon.

Trocando as lentes: Justiça Restaurativa para o nosso tempo

A abordagem tem foco nas necessidades emergentes do conflito e seus fatores determinantes, e promove a aproximação de todos os envolvidos em torno de um plano de ações que visa a restaurar laços sociais, compensar danos sofridos e gerar compromissos de comportamentos futuros mais harmônicos. O autor, **Howard Zehr,** é reconhecido mundialmente como um dos pioneiros da justiça restaurativa. Atualmente atua como palestrante internacional e professor de Sociologia e Justiça Restaurativa no curso de graduação em Transformação de Conflitos da Eastern Mennonite University em Harrisonburg, Virginia, EUA, e codiretor do Center for Justice and Peacebuilding na mesma cidade.

Pedagogia da convivência

A obra é um convite ao diálogo, à reflexão crítica e à participação global sobre um tema fundamental: a necessidade e a possibilidade de educar para a convivência a partir de critérios democráticos. Respeito, direitos humanos, ternura, diálogo, solidariedade e esperança são alguns dos marcos e conteúdos que viabilizam um convívio edificante e promissor, capaz de orientar as energias vitais e cognitivas tanto de alunos quanto de professores, indivíduos, grupos e comunidades. Na perspectiva do autor, as famílias têm de ser o primeiro laboratório de resolução não violenta de conflitos, para o qual é necessário qualificar a capacidade de escuta e percepção de uma situação por diferentes ângulos, considerando sempre o contexto, os protagonistas e os valores que estão envolvidos nela. Fruto de sua experiência pessoal como professor, capacitador de facilitadores, criador e coordenador de programas de convivência, pesquisador, mediador e pai, a obra foi escrita por **Xesús Jares**, um dos pioneiros da Educação para a Paz na Europa.

Processos circulares de construção de paz

Metodologia criada para dirimir e transformar conflitos, tomar decisões consensuais, criar acordos com base nas necessidades de todos os envolvidos, promover o reconhecimento e a compreensão mútua e favorecer a emergência de um senso comunitário. Os processos circulares de construção de paz, facilitados por profissionais treinados, permitem a plena expressão das emoções numa atmosfera de respeito genuíno, fruto da escuta qualificada e do empoderamento de todos os participantes. Eles vêm sendo usados no sistema judicial e, nesse contexto, o círculo envolve todas as partes afetadas a fim de participarem na decisão de como corrigir a situação depois de um crime. O processo identifica os danos e necessidades de todas as partes, determinando como tais necessidades serão atendidas. Nas escolas é aplicado para criar um ambiente positivo em sala de aula e resolver problemas de comportamento. Nos locais de trabalho oferece metodologia eficaz para lidar com conflitos e chegar a consensos; no serviço social, para desenvolver sistemas de apoio mais orgânicos, capazes de efetivamente ajudar pessoas que lutam por encontrar um sentido para suas vidas. A autora, **Kay Pranis**, pesquisa, ensina e implementa a justiça restaurativa internacionalmente, sendo autora de diversos livros sobre o assunto. Atuou como Planejadora de Justiça Restaurativa para o Departamento Correcional de Minnesota de 1994 a 2003.

Texto composto na fonte Versailles LT Std.
Impresso em papel Pólen 80g pela Gráfica PAYM.